Neues Kartoffel-Kochbuch.

169 Originalrezepte

Von
Marie Buchmeier
Herrschaftsköchin.

Bibliografische Information der Deutschen Nationalbibliothek. Die Deutsche Nationalbibliothek verzeichnet diese Publikation in der Deutschen Nationalbibliografie; detaillierte bibliografische Daten sind im Internet über http://dnb.d-nb.de abrufbar.

Neues Kartoffel-Kochbuch von Marie Buchmeier
Neufassung und Digitalisierung des Originals von 1905 von Peter M. Frey.

Copyright © 2017 Peter M. Frey
Herstellung und Verlag
BoD - Books on Demand, Norderstedt
ISBN 9783743192751

Inhaltsverzeichnis
Kartoffel-Suppen.

1. Kartoffelsuppe. ... 15
2. Kartoffelsuppe auf andere Art. ... 15
3. Kartoffelpüree-Suppe. ... 16
5. Fastenjus (Schüh) oder Fasten-Wurzelbrühe. ... 16
6. Kartoffelsuppe auf Pfälzer Art. ... 17
7. Kartoffelsuppe mit Petersilie. ... 17
8. Kartoffelsuppe mit Majoran. ... 17
9. Altomünster Suppe. ... 18
10. Wurzelsuppe. ... 19
11. Durchgestrichene Wurzelsuppe. ... 19
12. Feine Kartoffelsuppe. ... 20
13. Kartoffelsuppe von altem Huhn. ... 20
14. Kartoffelsuppe mit Schwarzbrot. ... 21
15. Kartoffelsuppe an Fleischtagen. ... 21
16. Kartoffelsuppe mit Kalbsschweif. ... 22
17. Kartoffelsuppe mit Kronfleisch. ... 22
18. Herrenbrot. ... 23
19. Kartoffelsuppe mit Fischklößchen. ... 23
20. Fischklößchen. ... 23

Kartoffel-Knödel.

21. Kartoffelknödel. 24
22. Abgetriebene Kartoffelknödel. 24
23. Kartoffelklöße auf andere Art. 25
24. Kartoffelknödel (Schneeflocken). 25
25. Große Kartoffelklöße. 26
26. Kartoffelknödel auf Pfälzer Art. 26
27. Gekrönte Häupter. 27
28. Kartoffelknödel auf Kremeln. 27
29. Kartoffelknödel auf andere Art. 28
30. Gebratene Kartoffelknödel. 28
31. Zwiebelsauce. 29
32. Ein anderes Kartoffelgericht. 29
33. Kartoffelklößchen. 30
34. Katzengeschrei. 30
35. Auf andere Art. 31

Kartoffel-Gemüse.

36. Kartoffeln in der Schale. 32
37. Kartoffeln mit Butter. 32
38. Sardellenbutter. 32
39. Geröstete Kartoffeln. 33
40. Geröstete Kartoffeln mit Kümmel. 33
41. Speckkartoffeln. 33

42. Kartoffeln mit Petersilie auf Küchenmeisterart. ... 33
43. Saure Kartoffeln. ... 34
44. Kartoffeln in der Petersiliensauce. ... 34
45. Rahmkartoffeln. ... 35
46. Kartoffelbrei (Püree). ... 35
47. Kartoffelbrei mit Fleischbrühe. ... 36
48. Kartoffeln mit saurer Rahmsauce. ... 36
49. Kartoffeln mit Senfsauce. ... 36
50. Senfsauce. ... 36
51. Kartoffeln mit Senfsauce auf Frankfurter Art. ... 37
52. Kartoffeln auf deutsche Art. ... 37
53. Kartoffeln auf Berchtesgadener Art. ... 38
54. Fischkartoffeln. ... 38
55. Gebratene Kartoffeln. ... 39
56. Pommes de terre frites. ... 39
57. Ungarisches Kartoffelgemüse. ... 40
58. Gefüllte Kartoffeln. ... 40
59. Kartoffeln mit Schinken. ... 41
60. Neue Heringe mit Kartoffeln und Butter. ... 41
61. Kartoffeln mit Heringen. ... 42
62. Kartoffeln auf Karlsruher Art. ... 42
63. Gestürzte Kartoffeln. ... 43
64. Kartoffeln auf Karthäuser Art. ... 44
65. Krebssauce. ... 44
66. Würfelkartoffeln. ... 45

67. Kartoffeln mit Gänsefett. 45
68. Enten mit Kartoffeln und Bratwürsten gefüllt. 46
69. Gefüllte Gans. 46
70. Spanisches Fricco. 47
71. Labskaus. 47
72. Sauerkraut mit Kartoffeln. 48
73. Warme Heringspastete mit Kartoffeln. 48
74. Fischfarce. 49
75. Fisch-Büchelsteiner mit Kartoffeln. 49
76. Hühner-Büchelsteiner mit Kartoffeln. 50
77. Rebhühner-Büchelsteiner mit Kartoffeln. 50
78. Hasen-Büchelsteiner vom Butterhäschen. 50
79. Büchelsteiner von Tauben mit Kartoffeln. 50
80. Croquetten von Kartoffeln. 51
81. Blindes Büchelsteiner. 52
82. Büchelsteinerfleisch. 52
83. Büchelsteiner-Huhn. 53
84. Kalbsbrust auf Büchelsteiner Art. 53
85. Paprikabrust für kleineren Haushalt. 53
86. Büchelsteiner von der Hammelbrust. 54
87. Büchelsteiner von einer Schweinsbrust. 54

Kartoffel-Salate.

88. Einfacher Kartoffelsalat. 55
89. Gurkensalat mit Kartoffeln. 55
90. Grüner Salat mit Kartoffelsalat. 56
91. Gemischter Kartoffelsalat. 56
92. Gestürzter Kartoffelsalat. 57
93. Passierter Kartoffelsalat. 58
94. Zichorien- und Endiviensalat. 58
95. Kartoffelsalat mit Kopfsalat. 58
96. Italienischer Salat. 59
97. Kartoffelsalat mit Speck. 60
98. Kartoffelsalat mit Mayonnaise. 60
99. Kartoffelsalat mit Hering. 60
100. Melierter Salat. 61
101. Kartoffelsalat mit Perlzwiebeln. 61

Kartoffel-Mehlspeisen.

102. Einfacher Kartoffelschmarren. 62
103. Kartoffelschmarren auf andere Art. 62
104. Feinerer Kartoffelschmarren. 62
105. Kartoffelschmarren mit Rahm. 63
106. Kartoffelnudel. 63
107. Kartoffelnudel auf andere Art. 63
108. Kartoffelnudel auf Pfälzer Art. 64

109. Kartoffelnudel auf feinere Art. 64
110. Kartoffelnudel auf andere Art. 65
111. Kartoffelküchel (ausgezogene). 65
112. Kartoffelnudel mit Topfen. 66
113. Kartoffelnudel mit Hefe. 66
114. Kartoffelnudel auf andere Art (Schüblinge). 67
115. Kartoffel-Dukatennudel. 67
116. Rupfhauben von Kartoffeln. 68
117. Sterznudel. 68
118. Sterznudel auf andere Art. 69
119. Apfelschlangel. 69
120. Kartoffel-Roulade. 70
121. Kartoffel-Roulade auf andere Art. 70
122. Kartoffelstrudel. 71
123. Kartoffelstrudel mit Zwiebeln. 71
124. Kartoffelstrudel mit Äpfeln. 71
125. Kartoffelstrudel mit Zwetschgen. 72
126. Kartoffelstrudel auf Kapuzinerart. 72
127. Kartoffelstrudel auf andere Art. 72
128. Kartoffelstrudel mit übrig gebliebenem Fleisch. 73
129. Gebackene Erbsen aus Kartoffeln. 73
130. Kartoffelküchel (Beignets). 74
131. Kartoffelküchel auf andere Art. 74
132. Kartoffelküchel mit Hefe. 75
133. Kartoffeln mit Sardellen im Ofen. 75

134. Sturznudel auf italienische Art. 76
135. Sturznudel von Kartoffeln auf Breslauer Art. 76
136. Krebsmehlspeise von Kartoffeln. 77
137. Kartoffelmehlspeise auf andere Art. 77
138. Gebackene Kartoffelmehlspeise. 78
139. Spritzgebackenes von Kartoffeln. 78
140. Kartoffeln mit Rühreiern. 79
141. Kartoffelspatzen. 79

Kartoffel-Torten.

142. Einfache Kartoffeltorte. 80
143. Feine Kartoffeltorte. 80
144. Kartoffeltorte. 81
145. Kleine Kartoffeltörtchen. 81
146. Regenwürmer von Kartoffeln. 82
147. Kartoffelpfannenkuchen. 82
148. Omlette von Kartoffeln. 83
149. Gebackene Kartoffelstrauben. 83
150. Westfälische Kartoffelpfannkuchen. 84
151. Pfälzer Kartoffelkuchen (Tatsch). 84
152. Kartoffelkuchen auf andere Art. 85

Kartoffel-Puddings.

153. Kartoffel-Pudding. 86
154. Kartoffel-Pudding auf andere Art. 86
155. Kartoffel-Pudding zu jedem Fleisch. 87
156. Kartoffel-Pudding. 87
157. Orangensauce. 88
158. Kartoffel-Pudding auf andere Art. 88
159. Kartoffel-Croquettes. 88
160. Kartoffel-Croquettes auf andere Art. 89
161. Kartoffel-Koteletts. 89
162. Kartoffel-Koteletts mit Schinken. 89
163. Kartoffelpastetchen mit Geflügel. 90
164. Kartoffel-Auflauf. 91
165. Kartoffel-Auflauf mit Schinken. 91
166. Kartoffel-Pudding mit Schinken. 92
167. Kartoffel-Pudding auf andere Art. 92
168. Kartoffel-Pudding. 93
169. Kartoffel-Pudding mit Schinken. 93

Von den Kartoffeln.

Von allen Gemüsearten sind die Kartoffeln nächst dem Getreide wohl das wohltätigste Geschenk, welches der Schöpfer den Menschen gegeben hat. Sie sind im 16. Jahrhundert aus Amerika nach England gebracht worden und haben sich über ganz Europa verbreitet. Durch ihre so ausgedehnte Kultur sind einige neue Abarten entstanden, welche in den Gegenden, wo sie gebaut werden, verschiedene Namen erhalten: z. B. die Frühkartoffeln (Malta-Kartoffeln genannt), andere wieder die einheimischen Nierenkartoffeln, die blauen Kartoffeln, die beliebten Schneeflocken, welche eine bessere Art der Kartoffel sind, dann die großen, gelben Kartoffeln, die sogenannten Fütterungs-Kartoffeln. Dann gibt es noch eine Art von Kartoffeln, welche durchaus blau sind, auch wenn man sie anschneidet in gesottenem Zustand, welche meistens als Verzierungen zu anderen Salaten verwendet werden; diese kommen aber selten vor. Eine Abweichung hiervon machen die Topinambur, gewöhnlich in der Größe einer welschen Nuss, bisweilen auch nochmal so groß. Ihr Geschmack ist weichlich und wässrig und sind sie deshalb nicht besonders geachtet. Sie sollen im vorigen Jahrhundert von Brasilien zu uns gebracht worden sein, wurden jedoch durch die Kartoffeln nach und nach verdrängt. In Frankreich sind sie immer noch ein beliebtes Wintergemüse. In ihrer Bereitung kommen sie ganz den Kartoffeln gleich. Noch lange nicht genug ist die mannigfaltige Verwertbarkeit der Kartoffeln anerkannt; zwar bilden sie neben Brot die hauptsächliche Nahrung der Armen und der Reiche mag sie nicht leicht entbehren; doch begnügt man sich in der Regel damit, sie nur einfach zu kochen, zu Pürees und Gemüsen. Daher habe ich mir die Aufgabe gestellt, zu zeigen, wie die Kartoffeln zu Suppen, Gemüsen für Arme und Reiche, zu verschiedenen Croquetten, Puddings, Strudeln, Kuchen, Torten usw. mit ganz einfachen und billigen Zutaten herzustellen sind. Dabei habe ich bei den einzelnen Gerichten soviel wie möglich auf die teuren Fleischpreise Rücksicht genommen.

Möge daher dieses Büchlein gütige Anerkennung und Verbreitung bei den werten Herrschaften und Köchinnen, besonders aber bei den jungen angehenden Hausfrauen finden.

Die Verfasserin
Marie Buchmeier.

Kartoffel-Suppen

1. Kartoffelsuppe.

Sechs große Kartoffeln werden gewaschen, geschält, in Scheiben geschnitten und ins Wasser gelegt. Ebenso wird eine kleine gelbe Rübe geschabt, in Scheiben geschnitten, dazu etwas Sellerie, mit Wasser zugesetzt, etwas gesalzen und weich gekocht. Währenddessen gibt man in einen Tiegel Fett oder Schmalz, lässt dieses heiß werden, gibt eine fein geschnittene Zwiebel und zwei oder drei Kochlöffel voll Mehl dazu, lässt es schön gelb werden, verrührt es mit den gekochten Kartoffeln und passiert es durch, lässt es nochmals aufkochen, gibt etwas Maggi-Suppen-Würze dazu und richtet die Suppe über würfelig geschnittene Semmeln an.

2. Kartoffelsuppe auf andere Art.

Sechs bis acht große Kartoffeln werden gewaschen, geschält, in Scheiben geschnitten und ins Wasser gelegt. Ebenso wird eine gelbe Rübe, etwas Sellerie geschabt, gewaschen, in kleine Scheiben geschnitten, sowie auch eine Zwiebel. In einen Tiegel gibt man ein Stück Butter oder Fett, etwas Salz und lässt es langsam weich dünsten. Ist dieses erreicht, so nimmt man einen Kochlöffel voll Mehl, bestäubt das Gedämpfte damit, verrührt es gut, verdünnt es mit Fleischsuppe, lässt es noch einige Minuten aufkochen, würzt es noch mit einer Messerspitze Pfeffer und dem ncoh fehlenden Salz und richtet die Suppe über geröstete Brotkrusten an.

3. Kartoffelpüree-Suppe.

Wird ebenso wie die vorhergehende behandelt, nur lässt man das Mehl weg und passiert nur die weich gedämpften Kartoffeln samt den Wurzeln durch, füllt sie mit Fleischsuppe auf, würzt sie mit Salz und etwas weißem Pfeffer und richtet sie mit in Schmalz gebackenen Brotscheiben an.

4. Kartoffelsuppe an Festtagen.

Wird ebenso wie die vorhergehende bereitet, jedoch statt Fleischsuppe Fastenjus oder Erbensud genommen.

5. Fastenjus (Schüh) oder Fasten-Wurzelbrühe.

Man schneidet in Scheiben zwei gelbe Rüben, zwei Zweibeln, zwei Porree, einen halben Kopf Sellerie, einen Pastinake und einige Selleriewurzeln, wäscht alles rein und dünstet es zusammen, mit einem Stück frischer Butter, bis die Kräuter eine lichtbraune Farbe haben. Sodann gibt man eine Tasse voll trockene Erbsen, wie ach etwas Sauerampfer und Kerbelkraut, rein gewaschen, dazu und füllt den Topf mit zwei bis drei Litern Wasser auf, bringt es zum Sieden, schäumt es rein ab und lässt die Wurzeln eine Stunde langsam sieden. Hierauf stellt man den Topf vom Feuer, und wenn sich nach Verlauf einer Viertelstunde die Kräuter zu Boden gesetzt haben, seiht man die Brühe durch ein Sieb in einen irdenen Topf, gibt einige Tropfen Maggi hinzu und stellt sie bis zum Gebrauch beiseite.

6. Kartoffelsuppe auf Pfälzer Art.

Vier bis fünf schöne, große, mehlige Kartoffeln werden gewaschen, geschält, in Würfel geschnitten und in frisches Wasser gelegt. Ebenso werden ein Stück Sellerie, zwei Porree, eine große gelbe Rübe würfelig geschnitten, gewaschen, mit einem Stückchen frischer Butter weich gedünstet. Wenn dieses erreicht ist, werden die Kartoffeln dazugegeben, mit zwei Litern Fleischbrühe oder Wasser übergossen und zusammen langsam gekocht, bis auch die Kartoffeln weich, aber nicht verkocht sind. Die Suppe wird dann gehörig gesalzen, eine Messerspitze weißen Pfeffers und etwas geriebene Muskatnuss dazugegeben und über geröstete Brotkrusten angerichtet.

7. Kartoffelsuppe mit Petersilie.

Fünf bis sechs Kartoffeln werden gewaschen, in Scheiben geschnitten, mit Fleischsuppe oder Wasser auf dem Feuer zum Kochen gebracht, etwas Salz und der nötige Pfeffer dazu gegeben, weich gekocht, ein Stückchen frische Butter dazu gerührt, durch einen guten Esslöffel voll fein gewiegte Petersilie im Geschmack gehoben, nochmals aufgekocht und heiß zu Tisch gegeben.

8. Kartoffelsuppe mit Majoran.

Diese Suppe wird ebenfalls so behandelt wie die vorhergehende, nur mit dem Unterschied, dass statt der Petersilie schöner Majoran genommen wird. Sie wird durchpassiert und über Brotkrusten angerichtet.

9. Altomünster Suppe.

Zwei Zwiebeln werden geschält und würfelig geschnitten, desgleichen auch eine gelbe Rübe sowie ein halber Selleriekopf. In einem Tiegel lässt man Butter oder auch gutes Schmalz heiß werden, gibt die geschnittenen Wurzeln hinein un lässt sie schön gelb rösten. Dann gibt man drei bis vier Kochlöffel voll Mehl dazu, lässt es noch einige Minuten anlaufen, verrührt die Masse mit Erbsensud oder in Ermanglung dessen mit Wasser und etwas Maggi, lässt sie gut aufkochen, gibt das nötige Salz und Pfeffer dazu, passiert es durch ein Sieb und richtet die Suppe über gebackene Kartoffelwürfel an.

Die Kartoffelwürfel werden auf folgende Art bereitet: Man schält drei bis vier schöne Kartoffeln, schneidet sie in Würfel, nicht zu dünn, legt sie in frisches Wasser bis zum Gebrauch, weil sie sonst braun würden. Kurze Zeit vor dem Anrichten nimmt man ein reines Tuch und trocknet die Kartoffelwürfel gut ab. Gibt in eine Pfanne Schmalz, lässt dieses heiß werden, legt die Kartoffeln hinein und lässt sie schön gelb backen; dann gibt man sie in ein Sieb, lässt das Fett oder Schmalz gut ablaufen, bestreut sie mit etwas Salz, schwenkt sie einigemal untereinander und gibt sie gleich heiß in die Suppe.

10. Wurzelsuppe.

Zwei gelbe Rüben, eine weiße Rübe, ein halber Selleriekopf, zwei Porree, ein halber Wirsingkopf, drei geschälte Kartoffeln, zwei Zwiebeln, dazu nach Belieben eine Handvoll Auslöserbsen und einige Champignons. Dieses alles wird nudelartig geschnitten und gut gewaschen. Dann legt man in einen Topf ein Stückchen Butter oder Fett; gibt dieses alles hinein, gießt etwas Fleischbrühe dazu und lässt das Ganze weich dämpfen. Dann bestäubt man die Wurzeln mit zwei Kochlöffeln voll Mehrl, gießt die nötige Fleischbrühe dazu, lässt die Suppe nochmals aufkochen und richtet sie heiß an.

11. Durchgestrichene Wurzelsuppe.

Wird der vorhergehenden gleich bereitet, jedoch durch ein Sieb passiert un über gebackenen Herrenbrot angerichtet; diese Suppe ist sehr gut und nahrhaft.

12. Feine Kartoffelsuppe.

Drei bis vier große Kartoffeln werden geschält, in Scheiben geschnitten un in frisches Wasser gelegt. Dann nimmt man eines oder zwei junge, schön geputzte Täubchen, zergliedert sie in vier Teile und salzt sie ein. Die in Scheiben geschnittenen Kartoffeln gibt man in einen Tiegel mit reinem Suppenfett oder guter frischer Butter, fein geschnittener Petersilie und Zwiebeln, gießt etwas Fleischbrühe dazu und lässt die Kartoffeln durch öfteres Aufgießen von Fleischbrühe weich kochen. Dann nimmt man ein Stückchen Butter und knetet es im Mehl einigemal um (das heißt Buttermehl) und gibt es zu den Kartoffeln, lässt selbes aufkochen und passiert die Suppe durch ein Sieb. Hat man die gehörige Masse Suppe, so gibt man die in vier Teile geschnittenen Tauben hinein und lässt sie mit der Suppe so lange kochen, bis die Täubchen weich sind, was ungefähr eine halbe Stunde Zeit braucht. Die Suppe wird samt den Tauben angerichtet und serviert.

13. Kartoffelsuppe von altem Huhn.

Wird der vorhergehenden gleich bereitet, nur muss das alte Huhn vorher weich gekocht, das Fleisch ausgelöst, in kleine Stücke geschnitten und dann zur Kartoffelsuppe gegeben werden. Selbstverständlich ist es, dass man dann die Hühnerbrühe zu der Suppe verwendet. Auch kann in Würfel geschnittenes Semmelbrot, in Butter gelb geröstet, in die Suppe gegeben werden.

14. Kartoffelsuppe mit Schwarzbrot.

Die Kartoffeln werden geschält, ins Wasser gelegt, in Scheiben geschnitten und in der Fleischsuppe mit fein gewiegter Petersilie und Zwiebeln weich gekocht. Dann schneidet man Schwarzbrot fein in eine Schüssel und gießt die Kartoffelsuppe samt und sonders darüber, gibt dann noch das abgehende Salz und Pfeffer nebst fein geschnittenem Schnittlauch dazu.

15. Kartoffelsuppe an Fleischtagen.

Drei bis vier große Kartoffeln werden geschält, in Scheiben geschnitten und gewaschen. Dann gibt man sie in einen Suppenhafen mit fein geschnittener Petersilie, etwas Porree, gelber Rübe und Zwiebeln, wie auch mit einem Stückchen Sellerie, etwas Fett, und lässt dieses durch öfteres Nachgießen von Fleischbrühe weich kochen. Dann kann man ein helles Einbrenn mit etwas Zwiebeln machen oder auch mit einigen Kochlöffeln voll Mehl die Suppe stauben, je nach Belieben. Ist dann die Suppe vollständig aufgekocht, mit Salz und Pfeffer abgeschmeckt, durchpassiert, so nimmt man nach Belieben rohe Bratwürste und drückt mit dem Daumen kleine Knödelchen hinein; diese Knödelchen dürfen aber in der Suppe nicht mehr kochen, sondern nur anziehen.

16. Kartoffelsuppe mit Kalbsschweif.

Diese Suppe wird der vorhergehenden gleich behandelt. Man dämpft einen schönen Kalbsschweif, welchen man gleich in Stücke teilt, mit Butter und Zwiebeln weich, aber behutsam, damit sich das Fleisch nicht von den Knorpeln löst. Ist dann die Supe vollständig hergerichtet, zum Auftragen fertig, gibt man den Schweif samt dem noch übrigen Saft zur Suppe und serviert sie, auch kann man mit Maggi-Suppen-Würze den Geschmack noch erhöhen.

17. Kartoffelsuppe mit Kronfleisch.

Man schält Kartoffeln je nach der Zahl der Gäste, schneidet sie in Würfel und legt sie ins Wasser. Das Stück Kronfleisch kocht man auf englisch, so dass beim Schneiden ein roten Saft herausquillt. Die Kartoffelwürfel werden aus dem Wasser genommen, abgetrocknet, in eine Pfanne mit heißem Fett gegeben und auf beiden Seiten schön gelb gebraten.

In einen Tiegel gibt man Fett, lässt dieses heiß werden, macht von zwei Kochlöffeln voll Mehrl ein schöne hellbraunes Einbrenn, verrührt dieses mit guter Fleischbrühe, passiert diese Suppe durch (es muss eine schöne flüssige Suppe werden, nicht zu dick), gibt die gebackenen Kartoffelwürfel nebst dem in Stückchen geschnittenen Kronfleisch mit dem Saft desselben zur Suppe, lässt sie nochmals aufkochen und gibt sie heiß zu Tisch.

18. Herrenbrot.

(In eine jede beliebige Suppe).

Von zwei bis drei alten Semmeln reibt man die Rinde leicht ab, schneidet sie in Scheiben, stößt sie schnell in Milch und dann in die abgeklopften Eier und backt sie aus heißem Schmalz oder Fett.

19. Kartoffelsuppe mit Fischklößchen.

Die Kartoffelsuppe wird ebenso behandelt wie Nr. 3, durchpassiert und heiß über Fischklößchen angerichtet.

20. Fischklößchen.

Von einem Hecht oder auch von einem anderen Fisch (z. B. Eitel oder Barbe) löst man das Fleisch aus den Gräten, stößt es fein und streicht es durch ein Sieb. Dann werden zwei Milchsemmeln abgerieben, in Milch eingeweicht, nach einigen Minuten gut ausgedrückt, mit dem Fischfleisch nebst dem nötigen Salz und einem Stückchen Butter, etwas weißem Pfeffer, Muskatnuss und drei Eidottern, alles zusammen, nochmals im Mörser gestoßen, davon runde kleine Knödelchen gemacht und in der Suppe langsam anziehen lassen.

Kartoffel-Knödel

21. Kartoffelknödel.

Hierzu nimmt man ungefähr fünf Stück schöne Kartoffeln, siedet sie im Dampfhafen weich, schält sie und treibt sie warm durch ein Sieb; dann werden kleine Mundbrote in kleine Würfel geschnitten, in Butter gelb geröstet, ein Ei und zwei Dotter nebst etwas Salz und Muskatnuss zu den Kartoffeln gegeben, alles gut durcheinander gerührt und hiervon nach Belieben Knödelchen gemacht. Eine halbe Stunde vor dem Anrichten werden sie in siedendem gesalzenen Wasser zugedeckt, eine Viertelstunde gekocht und in einer Suppenterrine mit ganz heißer Fleischbrühe übergossen. Die Knödel müssen locker aber doch haltbar sein. Vorzüglich eigenen sie sich auch zu Saucen oder Ragouts.

22. Abgetriebene Kartoffelknödel.

Man nimmt fünf bis sechs womöglich am Tag vorher gesottene Kartoffeln, schält sie, reibt sie auf dem Reibeisen fein, treibt in einer Schüssel ein Stückchen Butter schaumig ab, gibt die Kartoffeln mit einer Messerspitze Salz, etwas Muskatnuss, einem ganzen Ei und einem Dotter sowie einem Kochlöffel voll feines Mehl dazu, wiegt alles gut untereinander, macht kleine runde Knödelchen und bäckt sie langsam aus nicht gar zu heißem Schmalz. Vorzüglich werden diese zu gebratenem Rindfleisch, Beefsteak, Filet usw. gegeben.

23. Kartoffelklöße auf andere Art.

Vier große Kartoffeln werden gewaschen, geschält, in eine Schüssel mit frischem Wasser gelegt, etwas gesalzen, damit sie schön weiß bleiben, und ins Wasser gerieben. Dann schneidet man Semmeln in Würfel, röstet sie in etwas Butter, gibt sie in eine Schüssel, schlägt ein Ei daran und lässt selbes bis zum Gebrauch stehen. Währenddessen reibt man noch drei gesottene Kartoffeln zu den gerösteten Semmeln, drückt die rohen wie in voriger Nummer gut aus, vermischt alles gut mit etwas Salz untereinander, macht mittelgroße Knödel davon, kocht sie in gesalzenem Wasser eine halbe Stunde lang und gibt sie zu Ragout, zu Wildbret und zu brauner, saurer Sauce.

24. Kartoffelknödel (Schneeflocken).

Drei rohe Kartoffeln werden geschält, im Salzwasser gerieben wie in den vorhergehenden; dann schneidet man um 5 Pfennig alte Semmeln fein auf, weicht sie mit etwas Milch und einem Ei an. Dann legt man in ein Tiegelchen ein Stückchen Butter, eine ganze Zwiebel, fein geschnitten, lässt diese schön hellbraun anlaufen und schüttet dieses mit einem Löffel voll fein gewiegter, frischer Petersilie zu den Semmeln, dann reibt man vier gekochte Kartoffeln dazu, vermengt alles gut mitsammen, macht nicht zu große Knödel, legt sie in das kochende Wasser und lässt sie eine Viertelstunde kochen. Sie sind zu allen Saucen gut.

25. Große Kartoffelklöße.

Die Kartoffeln werden am Tag vorher gekocht, abgeschält und gerieben. Zu drei Teilen Kartoffeln kommt ein Teil geriebenes und ein Teil in Würfel geschnittenes Weißbrot, das man mit etwas Butter röstet; vermischt dieses alles mit zwei ganzen Eiern, Salz, etwas Muskatnuss und einem Kochlöffel voll Mehl, macht große Knödel daraus und lässt sie eine Viertelstunde gut kochen (das Wasser muss kochen); dann gibt man braun angelaufene Butter dazu.

26. Kartoffelknödel auf Pfälzer Art.

Sechs große rohe Kartoffeln wäscht man sauber, dann werden sie geschält und in frisches Wasser (welche etwas gesalzen wird), gelegt. hat man nun die nötige Zahl Kartoffeln geschält, so werden sie mit einem Reibeisen in das gesalzene Wasser gerieben und bis zum Gebrauch stehen gelassen. Währenddessen schneidet man um 5 Pfennig Semmeln auf, weicht sie mit etwas Milch an und einem Ei und etwas Salz, aber ja nicht zu weich. Dann nimmt man eine Serviette, seiht die geriebenen Kartoffeln durch, presst das Wasser gut aus, so fest als man kann, und gibt sie zu den Semmeln, mengt alles recht gut untereinander, macht nach Belieben Knödel davon, legt sie in das kochende Wasser und lässt sie gut eine halbe Stunde langsam sieden. Diese Kartoffelknödel sind vorzüglich gut zu Schweinsbraten, Gansbraten, zu jeder fetten Sauce.

27. Gekrönte Häupter.

Zwei bis drei Semmeln werden fein aufgeschnitten, mit siedender Milch angebrüht, etwas Salz dazu gegeben und zugedeckt stehen gelassen. Währenddessen siedet man vier bis fünf schöne Kartoffeln, schält sie und reibt oder passiert sie durch ein Sieb. Sind sie etwas ausgekühlt, dann kommen sie mit zwei Eiern zu den geweichten Semmeln, macht alles gut untereinander und formt schöne runde Knödel daraus, legt sie in das kochende Wasser und lässt sie eine Viertelstunde kochen; dann nimmt man sie heraus auf eine Platte, schneidet sie in der Mitte durch, macht in einem Tiegel Butter heiß, röstet Semmelbrösel schön gelb und schmelzt damit die Knödel auf.

28. Kartoffelknödel auf Kremeln.

Sechs bis acht Kartoffeln werden gewaschen, geschält, auf dem Reibeisen in etwas gesalzenes Wasser gerieben und etwas stehen gelassen; währenddessen reibt man drei bis vier Tage vorher gesottene Kartoffeln in eine Schüssel, drückt die geriebenen rohen Kartoffeln gut aus, tut sie zu den anderen mit einer aufgeschnittenen Semmel mit einem Ei, Salz, und mengt dieses gut durcheinander ab; gibt dann die Kremeln, das ist das Fett, welches klein zusammengeschnitten und auf dem Feuer ausgepresst wird, dazu; diese Krusten nenn man Kremeln. Diese werden dann zu der Masse gegeben, gut untereinander gemengt, Knödel daraus geformt, in das kochende Wasser gelegt und eine halbe Stunde langsam gekocht. Gut gekochtes Sauerkraut dazu gibt ein einfaches, aber nährendes Gericht.

29. Kartoffelknödel auf andere Art.

Man schneidet für ungefähr zehn Pfennig Semmeln fein auf, gibt sie in eine Schüssel, weicht die Semmeln mit etwas Milch an, aber ja nicht zu viel, gibt ein Ei dazu mit etwas Salz, mengt dies gut untereinander mit den am Tag vorher gesottenen und geriebenen Kartoffeln, macht hiervon Knödel, tut in deren Mitte einen Esslöffel voll Kremeln hinein, drückt die Knödel fest zusammen und kocht sie in gesalzenem Wasser eine Viertelstunde langsam.

30. Gebratene Kartoffelknödel.

Vier bis sechs rohe Kartoffeln werden geschält, und - wie immer bemerkt - in das gesalzene Wasser gerieben; dann röstet man um fünf Pfennig (in Würfel geschnittene) Semmeln in Schmalz oder gutem Fett, gibt die Semmeln in eine Schüssel mit den ausgedrückten Kartoffeln, etwas Salz, einem Ei, vermengt dieses gut untereinander, macht daraus nicht zu große Knödel, drückt sie fest zusammen, gibt in eine Reine hübsch Schmalz oder Schweinefett, lässt es heiß werden, legt diese Knödel reihenweise hinein und bäckt sie schön braun. Auch dieses gibt ein gesundes und nahrhaftes, einfaches Gericht, das sich jedermann schaffen kann. Sauerkraut, Rübenkraut, Blaukraut, auch Zwiebelsauce ist gut dazu.

31. Zwiebelsauce.

Man schneidet ungefähr sechs bis acht Zwiebeln fein zusammen, tut in einen Tiegel fett oder Schmalz mit einem Stückchen Zucker, lässt diesen darin gelb werden, gibt dann zwei bis drei Kochlöffel voll Mehl darein, lässt dieses durch öfteres Umrühren schön braun werden, gibt dann die fein geschnittene Zwiebel dazu und lässt sie darin schön andämpfen; dann gießt man Fleischbrühe darauf, verrührt dieses gut zu einer dickfließenden Sauce, gibt das nötige Salz und Pfeffer sowie auch Essig dazu und lässt diese Sauce eine gute halbe Stunde kochen. Je länger die Sauce kocht, desto besser wird sie. Sie wird dann durchgeseiht und angerichtet und mit einigen Tropfen Maggi gewürzt.

32. Ein anderes Kartoffelgericht.

Sechs bis acht rohe Kartoffeln werden gewaschen, geschält, in fingerdicke Scheiben geschnitten und ins Wasser gelegt. In einer Reine lässt man Fett heiß werden, gibt die geschnittenen Kartoffeln hinein mit einem Teller von Kremeln, welche man auf die Kartoffeln mit etwas Salz streut und lässt selbe schön braun braten. Dann übergießt man sie mit einigen Esslöffeln voll saurem Rahm, lässt sie nochmals aufbraten, so sind sie fertig. Gibt auch ein eigenes Gericht zu Sauerkraut und Blaukraut usw.

33. Kartoffelklößchen.

Ein Stückchen Butter wird mit zwei Eidottern schaumig gerührt, dann gibt man eine Obertasse fein geriebene Semmelbrösel und ebenso viel gekochte, fein passierte Kartoffeln, welche jedoch nicht wässerig sein dürfen, etwas Muskatnuss und Salz dazu, zuletzt wird der festgeschlagene Eierschaum leicht unter die Masse gemengt, kleine Knödel daraus geformt und zehn Minuten in siedender Fleischbrühe aufgekocht. Auch können sie in schwimmendem Fett oder Schmalz gebacken werden.

34. Katzengeschrei.

Man schält vier bis fünf schöne Kartoffeln (mittlerer Gattung), schneidet sie in Messerrückendicke Scheiben und legt sie in frisches Wasser. In eine Pfanne gibt man Fett oder Butter, lässt dieses heiß werden und gibt die in Scheiben geschnittenen Kartoffeln mit etwas Salz darauf, deckt sie zu und lässt selbe schön braun dämpfen. Vom Tag vorher übrig gebliebenes Fleisch, Rindfleisch oder auch Kalbfleisch, schneidet man in Würfel, gibt diese dann zu den halb ausgekochten Kartoffelscheiben und lässt alles miteinander kochen, bestäubt dann dieses mit einem Kochlöffel voll Mehl, gießt etwas Fleischbrühe daran nebst etwas Maggi, lässt es nochmals aufkochen und gibt es zu Tisch.

35. Auf andere Art.

Wird wie das vorhergehende behandelt, nur mit dem Unterschied, dass es nicht mit Mehl gestaubt wird, sondern, wenn es fertig ist, ein bis zwei Eier darauf geschlagen werden.

Kartoffel-Gemüse

36. Kartoffeln in der Schale.

Die Kartoffeln werden gewaschen, in einen Topf getan, kaltes Wasser darüber gegossen, dieses gesalzen und so die Kartoffeln weich gekocht. Sodann schüttet man das Wasser ab, gibt ein reines Tuch darüber, deckt sie gut zu und lässt sie einige Zeit im Dunst stehen. Sie werden dann auf einer Platte, welche mit einer reinen Serviette bedeckt ist, zu Tisch gegeben. Die Kartoffeln, welche in einem Dunsthafen gekocht sind, schmecken viel besser und bleiben mehliger; darum möge man sich die Ausgabe hierfür nicht reuen lassen.

37. Kartoffeln mit Butter.

Werden wie die vorhergehenden in einem Kartoffel-Dunsthafen gekocht, gesalzen und etwas Kümmel hineingegeben, besonders bei den jungen, frischen Kartoffeln, welche dann einen vorzüglichen Geschmack bekommen. Sie werden dann wie die vorhergehenden angerichtet. Dazu frische Butter oder Sardellenbutter auf einer Platte dressiert zur Tafel gegeben.

38. Sardellenbutter.

125 Gramm rein gewaschene und von Gräten befreite Sardellen werden fein zusammengewiegt, mit 125 Gramm frischer Butter schaumig gerührt, durch ein Sieb gestrichen, schön dressiert, bis zum Gebrauch kalt gestellt.

39. Geröstete Kartoffeln.

Die wie oben gesottenen Kartoffeln werden abgeschält, in Messerrückendicke Scheiben geschnitten, in einen Tiegel mit Fett oder Butter (Gänsefett ist vorzüglich gut), etwas geschnittener Zwiebel getan, das nötige Salz und etwas Pfeffer dazugegeben und durch öfteres Umwenden schön goldgelb geröstet.

40. Geröstete Kartoffeln mit Kümmel.

Werden wie die vorhergehenden bereitet, nur dass etwas Kümmel und fein gewiegte Petersilie dazu kommt.

41. Speckkartoffeln.

Diese werden wie die einfach gerösteten Kartoffeln bereitet, nur dass kleinwürfelig geschnittener Speck mitgeröstet wird.

42. Kartoffeln mit Petersilie auf Küchenmeisterart.

Die Kartoffeln werden rein gewaschen, roh geschält, in Scheiben geschnitten, dann mit Salz, etwas Pfeffer in Fleischbrühe gekocht. Beim Anrichten wird ein Stückchen frische Butter, ein Kaffeelöffel fein geschnittene Petersilie dazu getan, der Saft einer halben Zitrone darüber gepresst, mit Maggi gewürzt, leicht geschwungen und so zu Beefsteaks und gekochtem Rindfleisch gegeben.

43. Saure Kartoffeln.

Man gibt in einen Tiegel gutes Suppenfett, lässt es heiß werden, dann zwei Kochlöffel voll Mehl hinein, lässt es schön gelb werden, dann einen Esslöffel fein geschnittene Zwiebel dazu und röstet es so lange, bis auch die Zwiebel gelb geworden sind. Sodann wird das Mehl mit guter Fleischbrühe angerührt und zu einer Sauce gekocht, in welche man ein Stückchen Zitronenschale, etwas Essig, Salz und Pfeffer und ein Lorbeerblatt gibt und zusammen kochen lässt. Unterdessen werden abgekochte Kartoffeln geschält, in Scheiben geschnitten, in eine Kasserolle getan, die Sauce darüber geseiht, nochmals zusammen aufgekocht und dann angerichtet. Mit frischen, warmen Regensburger Würsten, in Scheiben geschnitten, kann um das Gemüse herum garniert werden.

44. Kartoffeln in der Petersiliensauce.

Man lässt ein Stück Butter oder Suppenfett zergehen, gibt einen oder zwei Kochlöffel voll Mehl dazu, sowie auch einen Esslöffel voll fein geschnittene Zwiebel, röstet es so lange, bis die Zwiebel gelb sind; sodann gibt man einen Kaffeelöffel voll fein geschnittene Petersilie dazu, verrührt alles mitsammen zu einer dickfließenden Sauce. In diese werden nun die gekochten, geschnittenen Kartoffeln getan, Salz und nach Belieben etwas Muskatnuss, etwas Maggi dazu gegeben; zusammen noch einige Minuten gekocht und dann angerichtet.

45. Rahmkartoffeln.

Man kocht einen Teller voll kleine, rund geschnittene Kartoffeln in gesalzenem Wasser, jedoch dass sie ganz bleiben, schüttet dann das Wasser ab und deckt sie zu. Unterdessen lässt man ein Stückchen Butter heiß werden, gibt einen Kochlöffel voll Mehl, eine kleine ganze Zwiebel, ein Stückchen rohen Schinken, eine Gewürznelke und einige Pfefferkörner dazu und röstet es einige Minuten, dass aber das Mehl nicht zu gelb wird. Hierauf gießt man einen Viertelliter süßen Rahm nach und nach dazu und kocht davon eine dickfließende Rahmsauce. Diese wird nun über die Kartoffeln geseiht, nochmals aufgekocht, dann heiß angerichtet; wird auch zu gedämpftem Kalbfleisch gegeben.

46. Kartoffelbrei (Püree).

Die noch ganzen, heißen, samt der Schale abgekochten Kartoffeln werden schnell abgeschält, noch warum durch ein Sieb passiert, und wenn man zwei Teller voll solche hat, werden sie in einen Tiegel getan, ein Stück Butter, etwas Salz dazu gegeben und dann mit heißem süßen Rahm zu einem feinen Brei angerührt und auf dem Feuer zum Aufkochen abgerührt; dieses Püree eignet sich besonders zu Beefsteaks, Kalbskoteletts, Rindsbraten, gedämpftem Kalbfleisch usw.

47. Kartoffelbrei mit Fleischbrühe.

Die Kartoffeln werden roh abgeschält, in größere Scheiben geschnitten, in Salzwasser weich gekocht, abgeseiht, in einen Tiegel passiert, mit Fleischbrühe gut verrührt, das noch nötige Salz dazu gegeben, heiß angerichtet und darüber in Butter geröstetes, geriebenes Brot (Bröseln) oder auch klein geschnittene, in Schmalz gelb geröstete Zwiebeln gegeben.

48. Kartoffeln mit saurer Rahmsauce.

Diese werden ganz wie jene mit süßem Rahm bereitet, nur mit dem Unterschied, dass hier saurer Rahm genommen wird.

49. Kartoffeln mit Senfsauce.

Diese werden, wenn sie abgekocht sind und geschält, in Scheiben geschnitten, in einen Tiegel getan und mit einer Senfsauce übergossen, leicht eingerührt, nochmals aufgekocht und heiß angerichtet.

50. Senfsauce.

Man gibt ein Stückchen Butter oder Fett in einen Tiegel, lässt es heiß werden, gibt zwei Kochlöffel voll Mehl dazu, lässt es schön hellgelb anlaufen, verrührt es mit guter Fleischsuppe und lässt die Sauce langsam kochen, dann gibt man zwei bis drei Esslöffel voll Senf dazu, lässt alles nochmals aufkochen und passiert es zu den Kartoffeln.

51. Kartoffeln mit Senfsauce auf Frankfurter Art.

Sechs bis acht Kartoffeln werden gesotten, abgeschält und zugedeckt warm gestellt. Unterdessen werden 140 Gramm roher Schinken und einige Zwiebeln in Würfel geschnitten, mit 140 Gramm frischer Butter gelb gedünstet und mit zwei Esslöffeln voll Mehl etwas geröstet. Sodann gießt man die nötige Fleischbrühe dazu, würzt diese mit einem Lorbeerblatt, einigen Pfefferkörnern, etwas Zitronenschale und Thymian, gießt ein Weingläschen guten Burgunder-Essig dazu und kocht hiervon eine kräftige Sauce. Die Kartoffeln werden in Scheiben geschnitten, die Sauce darüber passiert, das nötige Salz dazu getan und zusammen noch einige Minuten mit fünf Esslöffeln voll französischem Senf gekocht. Beim Anrichten werden sie mit auf dem Rost gebratenen Schweinskoteletts bekränzt.

52. Kartoffeln auf deutsche Art.

Die Kartoffeln werden gewaschen, abgeschält und in Spalten geschnitten, dann in einen Tiegel getan, etwas gute Fleischbrühe dazu gegossen, gesalzen und so weich gekocht, jedoch dass die Schnitten ganz bleiben. Sie werden erhaben angerichtet und mit in Butter gelb gerösteten Zwiebeln oder mit in Butter geröstetem, geriebenem Mundbrot aufgeschmälzt.

53. Kartoffeln auf Berchtesgadener Art.

Die Kartoffeln, womöglich lange, werden roh abgeschält, gewaschen und in Scheiben geschnitten, in einen Tiegel getan, mit süßem Rahm übergossen, gesalzen und so langsam, dass sie nicht zerfallen, gekocht. Unterdessen hat man 140 Gramm Butter mit einer ganzen Zwiebel und zwei Esslöffeln voll Mehl gelb geröstet, dann wird der Rahm abgeseiht, das geröstete Mehl damit und mit dem noch übrigen Rahm zu einer dickfließenden Sauce angerührt, gehörig gesalzen, über die Kartoffeln passiert, noch ein Stück sehr frische Butter dazu getan, zusammen über dem Feuer geschwungen und heiß angerichtet. Diese Kartoffeln erfordern zu ihrer Zubereitung vorzüglich sehr gute Butter und frischen Rahm, welcher in so vorzüglicher Güte von den Hochalpen Berchtesgadens gebracht wird, daher man ihm diese Benennung gegeben hat.

54. Fischkartoffeln.

Die Kartoffeln werden mit einem Kartoffelausstecher ausgestochen und bis zum Gebrauch in kaltes Wasser gelegt. Eine halbe Stunde vor dem Anrichten werden sie in einen Dampfhafen gebracht, gesalzen und ohne zu zerfallen weich gekocht. Unterdessen wiegt oder schneidet man schöne Petersilie fein; wenn die Kartoffeln angerichtet werden, bestreut man sie damit und gießt heiße Butter darüber.

55. Gebratene Kartoffeln.

Die Kartoffeln werden entweder ausgestochen oder mit dem Messer egal und in jeder beliebigen Form geschnitten, dann gewaschen, auf einem Tuch abgetrocknet, in heißer Butter oder Fett gebraten, und zwar so, dass sie eine schöne, lichtbraune Farbe haben sowie weich sind; sie werden in der Regel zu gebratenen Fleischstücken als Garnitur verwendet. Zu bemerken ist noch, dass sie vor dem Anrichten mit etwas Salz bestreut werden.

56. Pommes de terre frites.

Die Kartoffeln werden nach dem Abschälen in kleine, längliche Schnitzchen geschnitten, gewaschen, abgetrocknet, kurz vor dem Anrichten aus heißem Schmalz gebacken, dann in einen Seiher herausgehoben, das Fett ablaufen gelassen, gesalzen und geschwungen und als Garnitur zu Beefsteaks, Wildbret, Filet usw. gegeben.

57. Ungarisches Kartoffelgemüse.

In einen Tiegel gibt man Fett oder Butter, etwas Paprika und fein geschnittene Zwiebeln, lässt diese schön gelb werden, fügt zwei abgezogene, von den Kernen befreite Tomaten dazu, und zu vier bis fünf geschälten und in Scheiben geschnittenen Kartoffeln so viel gute Fleischbrühe, dass die Kartoffeln damit bedeckt sind, und dem nötigen Salz, und lässt dieses zugedeckt weich werden. Zuletzt deckt man die Kartoffeln ab, damit die Brühe etwas einkocht. Wird in einer Gemüseschüssel angerichtet und auf der Oberfläche mit fein gewiegter Petersilie bestreut.

58. Gefüllte Kartoffeln.

Man wählt eine Anzahl gleich großer, schöne Kartoffeln; diese werden rund, je nachdem dieselben sind, egal zugeschnitten, dann von unten und oben ein Plättchen abgeschnitten und schön ausgehöhlt. Die Kartoffeln werden hierauf gewaschen, auf ein Tuch umgestürzt, nach einigen Minuten dann mit einer guten Kalbfleischfarce gefüllt, oben ein Kartoffelblättchen darauf gelegt und so eine neben der anderen in eine flache, passende, gut mit Butter ausgestrichene Kasserolle gestellt. Eine halbe Stunde vor dem Anrichten gibt man ein Quart gute Rindfleischbrühe darüber, stellt die Kartoffeln in ein Bratrohr und bäckt sie bei öfterem Begießen weich, jedoch mit Aufmerksamkeit, dass sie nicht zu weich werden und beim Herausnehmen zerfallen. Sie werden erhaben angerichtet, etwas Maggi-Würze und Fleischsuppe darunter gegossen und zu Tisch gegeben. Diese Kartoffeln können auch im Kranz um gebratenes Ochsenfleisch gegeben werden.

59. Kartoffeln mit Schinken.

Fünf bis sechs frisch gesottene, in Scheiben geschnittene Kartoffeln werden kalt gestellt. Unterdessen wiegt man Schinken fein, streicht dann eine Kasserolle mit Butter reichlich aus, gibt eine Lage Kartoffelscheiben hinein, salzt etwas, aber nicht zu viel, weil der Schinken ohnedies sauer ist, dann eine Lage Schinken und so fort, bis die Form voll ist; zuletzt eine Lage Kartoffeln, dann drei bis vier Esslöffel voll guten dicken sauren Rahm und lässt dieses eine gute halbe Stunde im Rohr braten, bis die Kartoffeln oben eine schöne lichtbraune Farbe bekommen haben. Sie sind sehr gut zu Blaukraut, Sauerkraut, wobei das teure Fleisch erspart wird.

60. Neue Heringe mit Kartoffeln und Butter.

Die ganz neuen, frisch angekommenen Heringe werden, ohne sie zu waschen, nachdem die Haut abgezogen, in der Mitte durchschnitten, die Rückgrate ausgelöst, die Heringe wieder zusammengesetzt, quer in Stückchen geteilt, der Kopf und die Schwanzflosse wieder daran gesetzt, schön auf einem flachen Teller angerichtet und mit grünen Petersiliensträußchen garniert. Sie werden mit frisch gesottenen Kartoffeln und frischer Butter zu Tisch gegeben.

61. Kartoffeln mit Heringen.

Sechs bis acht lange Kartoffeln werden gekocht, abgeschält und zugedeckt warm gestellt. Zwei Heringe werden dann gewaschen, jeder der Länge nach in zwei Teile geteilt, rein aus Haut und Gräten gelöst, in fingerbreite Stücke geschnitten und in Milch gelegt. Zwei schöne weiße Zwiebeln werden abgeschält, in feine Scheiben geschnitten, in Butter weich gedünstet, mit zwei Esslöffeln voll Mehl verrührt, dieses noch einige Minuten geröstet, dann mit süßem Rahm oder guter Milch, Salz und Pfeffer zu einer dicken Sauce auf dem Feuer gekocht, samt den Zwiebeln durch ein Sieb gestrichen und warm gestellt. Sodann wird eine Porzellanschale mit Butter ausgestrichen, der Boden derselben mit Kartoffelscheiben belegt, diese leicht gesalzen, dann etwas Sauce darüber gestrichen und darauf Heringsstücke gelegt; dann wird wieder eine Lage von Kartoffeln darauf gegeben, welche gesalzen, mit der Sauce zugedeckt und mit feinen Bröseln bestreut werden. Das Ganze wird dann mit zerlassener Butter beträufelt, eine Viertelstunde im Rohr gebacken und sogleich zu Tisch gegeben.

62. Kartoffeln auf Karlsruher Art.

Die Kartoffeln werden wie die vorhergehenden bereitet, nur statt der Heringe in Scheiben geschnittene schweinerne Bratwürste und geräucherte Zungenstückchen dazwischen gelegt.

63. Gestürzte Kartoffeln.

Die Kartoffeln werden gesotten und die Hälfte davon gleich warm durch ein Sieb gestrichen; die andere Hälfte wird geschält und beiseite gestellt. Die durchpassierten Kartoffeln werden mit einem ganzen Ei und zwei Dottern mit Salz und etwas Pfeffer, Muskatnuss, einer Obertasse voll saurem Rahm und 125 Gramm Butter fein abgerührt. Sodann wird eine runde Blechform mit Butter ausgestrichen, mit Bröseln bestreut, der Boden und die Wand schneckenartig bis zu Höhe der Form mit in runde Scheiben geschnittenen Kartoffeln so ausgelegt, dass in der Mitte der Form ein leerer Raum verbleibt. In diesen Raum wird nun das mit etwas fein gekochtem Schinken untermengte Püree fest eingedrückt; oben darauf werden Stücke von zerbröckelter Butter gelegt, das Ganze mit einer Papierscheibe bedeckt und eine Stunde vor dem Anrichten im heißen Rohr gebacken, wonach die Form auf eine Platte gestützt, nach einigen Minuten abgehoben und sogleich zu Tisch gegeben wird.

64. Kartoffeln auf Karthäuser Art.

Man schält vier bis sechs gekochte Kartoffeln ab, reinigt und nimmt einen eineinhalbpfündigen (750 Gramm) Hecht und kocht ihn in Salzwasser gut aus. Ein Teller gut gedünstetes Sauerkraut vermengt man mit einer Obertasse voll Krebssauce, den Hecht löst man aus der haust und Gräten und schneidet ihn in kleine Stückchen. Die Kartoffeln schneidet man in Scheiben und röstet sie in frischer Butter. Wenn nun alles vorbereitet ist, streicht man eine Gemüseschale mit Butter aus, belegt den Boden mit einer Lage Kartoffeln, darauf das Sauerkraut, darüber die Hechtstückchen und so fort; die oberste Lage müssen Kartoffeln sein. Diese überstreicht man mit Bechamel, besät sie mit fein geriebenem Mundbrot, beträufelt sie mit Butter und backt sie langsam im Rohr. Man gibt sie mit einer Serviette umwunden zu Tisch.

65. Krebssauce.

Man lässt in einem Tiegel ein Stück Butter zergehen, vermengt diese mit einigen Kochlöffeln voll Mehl, lässt es auf dem Feuer schön hellgelb anlaufen, verdünnt und verrührt selbes mit Fleischbrühe zu einer dickfließenden Sauce, lässt es gut aufkochen, passiert selbe durch ein Haarsieb, stellt es bis zum Anrichten heiß; dann werden zwei bis drei Esslöffel voll Krebsbutter mit den würfelig geschnittenen Krebsschweifchen in genaue Verbindung gebracht, wobei darauf gesehen worden muss, dass die Sauce ja nicht mehr kocht, sondern mit dem Saft einer Zitrone und einer Prise feinen Pfeffers und etwas Maggi im Geschmack gehoben und zu den bezeichneten Gerichten gegeben wird.

66. Würfelkartoffeln.

Vier bis fünf Kartoffeln werden geschält, in schöne viereckige Würfel geschnitten, ins Wasser gelegt und bis zum gebrauch beiseite gestellt. Eine halbe Stunde vor dem Anrichten nimmt man sie heraus, trocknet sie mit einem reinen Tuch ab, gibt in einen Tiegel Butter oder Fett, lässt es heiß werden, gibt die Kartoffeln hinein, salzt sie und lässt sie unter Zusatz von etwas Fleischbrühe dünsten, ohne sie zu viel umzukehren. Sie müssen schön ganz bleiben. Will man sie schön braun haben, so setzt man sie in einer flachen Pfanne ans Feuer, bis sie Farbe bekommen. Man kann sie zu Kalbsfrikandeaus, zu Wirsing, auch zu Blaukraut, auch zu verschiedenen kleinen Gerichten geben.

67. Kartoffeln mit Gänsefett.

Je nach Belieben werden schöne, mehlige Kartoffeln gewaschen, im Dunst gesotten, geschält, auf einem Teller angerichtet, mit Salz und Pfeffer bestreut, gestandenes Gänsefett in einer Schale angerichtet und so zu Tisch gegeben. Man kann auch kalten Aufschnitt oder Streichwurst beigeben und ist dann ein einfaches, herrliches Nachtessen.

68. Enten mit Kartoffeln und Bratwürsten gefüllt.

Wenn die Enten gut gereinigt und geputzt sind, werden sie eingesalzen, innen mit etwas Pfeffer bestreut und beiseite gestellt. Ferner werden gute Kartoffeln roh geschält, klein würfelig geschnitten und ins kalte Wasser gelegt; dann brate man für eine Ente sechs schweinerne Bratwürste, von denen die Haut abgezogen wird. Nachdem die Würstchen in Scheiben geschnitten, lässt man in einem Tiegel ein Stück frische Butter heiß werden, gibt einen halben Esslöffel voll fein geschnittene Zwiebeln mit etwas Petersilie dazu, wie auch die gut abgetrockneten Kartoffeln, würzt diese mit etwas Salz, gestoßenem Pfeffer und Muskatnuss und dämpft die Kartoffeln auf dem Feuer bei öfterem Umschwingen weich, jedoch so, dass sie ganz bleiben. Wenn dies erreicht ist, werden die Bratwurststücke darunter meliert und wenn diese halb ausgekühlt sind, in die Ente ganz voll eingefüllt; diese dann schön dressiert, in eine Bratreine gelegt, mit Butter übergossen, eine Zwiebel, ein Lorbeerblatt und eine gelbe Rübe dazu gegeben und so eine Stunde im Bratofen unter fleißigem Begießen lichtbraun gebraten; sie wird schön tranchiert und mit der Fülle angerichtet.

69. Gefüllte Gans.

Wird ganz wie die Ente gefüllt, nur muss man mehr Kartoffeln und Schweinswürstchen nehmen und ein bis zwei Stunden langsam im Rohr bei öfterem Begießen braten.

70. Spanisches Fricco.

500 Gramm Schweinefleisch, 500 Gramm Rindfleisch werden etwas geklopft, bis das Fleisch sich weich anfühlt, dann in kleine aber nicht zu dünne Scheiben geschnitten. Hierauf schneidet man rohe Kartoffeln klein, wäscht einen Teil jedoch nach dem Schälen nicht mehr ab, das es eine sämige Sauce gibt, legt in eine Puddingform lagenweise Kartoffeln und Fleisch, streut über jede Schicht Pfeffer, etwas gestoßene Nelken, ein Lorbeerblatt, einige Zwiebelscheiben und Salz, auf jede Schicht Kartoffeln, mit welcher man den Anfang und den Schluss macht, ein Stückchen Butter und zuletzt drei bis vier Esslöffeln voll dicken sauren Rahm; darauf verschließt man die Form gut und lässt sie eineinhalb Stunden kochen. Man gibt dieses Gericht in der Form mit einer Serviette umschlungen.

71. Labskaus.

Man hackt Ochsenfleisch oder auch geräuchertes Fleisch, beides zusammen sehr fein mit recht viel Zwiebeln, setzt dieses zusammen mit einer Tasse Wasser, Maggi-Würze und sehr vielem Fett aufs Feuer, tut etwas feinen Pfeffer daran und Salz nach Bedarf; dann gibt man frisch gekochte Kartoffeln, welche man etwas zerdrückt, dazu. Senfgurken schmecken gut dazu.

72. Sauerkraut mit Kartoffeln.

Das Sauerkraut wird wie gewöhnlich gekocht, und wenn man das Kraut mit Mehl staubt, wie es bei vielen Familien Brauch ist, nimmt man geriebene gesottene Kartoffeln, rührt sie unter das Kraut und lässt es noch eine kurze Zeit kochen. Das Kartoffelmehl ist ein gutes Bindemittel und macht das Kraut ausgiebig und schmackhaft. Schweinsbratwürstchen, in zwei Teile geschnitten, können zuletzt mit aufgekocht werden, was ausgezeichnet schmeckt.

73. Warme Heringspastete mit Kartoffeln.

Vier bis fünf Heringe werden einige Stunden in kalte Milch gelegt, dann die Haut abgezogen, in zwei Teile geteilt und von allen Gräten befreit. Es werden Kartoffeln gesotten, geschält und in fingerdicke Scheiben geschnitten, welche dann mit einem Ausstecher in der Größe eines Markstücks ausgestochen werden. Dann werden ein Esslöffel voll gewiegter Petersilie und ein Esslöffel voll fein geschnittener Schalotten in einem Stückchen Butter abgedünstet. Eine Pastetenform wird mit Teig ausgedrückt, innen mit Fischfarce, die mit Sardellenbutter bereitet wurde, ausgestrichen, Kartoffelscheiben eingelegt, über diese saurer Rahm gestrichen, dann Heringsstückchen mit der gedämpften Petersilie und den Schalotten bestreut, dann wieder Kartoffeln, Heringe. So wird fortgefahren, bis die Pastete einen Finger breit vom Rand voll ist. Oben wird sie mit Farce überstrichen, mit einem Teigdeckel verschlossen und eine Stunde vor dem Anrichten schön lichtbraun gebacken. Beim Anrichten wird der Deckel einen Fingerbreit vom Rand aufgeschnitten, die Farce mit einem Messer durchstochen und eine gut bereitete Sardellensauce darüber gegossen.

74. Fischfarce.

Man nimmt hierzu gewöhnliche Fische, z. B. Barben, Nerflinge usw., entgrätet sie, stößt das Fleisch fein, streicht es durch ein Haarsieb. Mundbrot wird abgerieben, in Stücke geschnitten, in Milch einige Minuten eingeweicht, in einer Serviette gut ausgedrückt und das gestoßene Fischfleisch mit dem eingeweichten Mundbrot und 210 Gramm Butter zehn Minuten gestoßen, das nötige Salz, eine Messerspitze dürre Kräuter, etwas Muskatnuss, ein Kaffeelöffel voll gewiegte Petersilie, das Gelbe von drei Eiern und zwei Esslöffel voll Bechamel dazu getan und einige Minuten lang gut untereinander gerieben. Es wird in eine Terrine getan, zugedeckt und kalt gestellt.

75. Fisch-Büchelsteiner mit Kartoffeln.

Man nimmt einen zweipfündigen Hecht oder Barben, auch Nerflinge (Fische, welche nicht zu viele Gräten haben), schuppt und reinigt sie, schneidet sie in gehörige Stücke, salzt sie gut ein und lässt sie so einige zeit stehen. Währenddessen schält man nach Belieben Kartoffeln, schneidet sie in Scheiben oder Würfel und legt sie ins Wasser. Dann werden ziemlich viel Petersilie und zwei bis drei Zwiebel fein gewiegt. Hierauf nimmt man einen Tiegel (oder auch eine sogenannte Büchesteiner-Maschine), legt den Boden mit Butter und Kartoffeln aus, salzt dieses gut, dazu kommen Fischstückchen, dann wieder Kartoffeln und Salz und Pfeffer und der gewiegten Petersilie und so fort, bis die Fischstückchen alle sind, gibt noch Butter darauf, deckt es fleißig zu und kocht das Büchelsteiner eine gute halbe Stunde.

76. Hühner-Büchelsteiner mit Kartoffeln.

Ein junges, schön geputztes Huhn wird in acht teile zerschnitten, gut eingesalzen, mit Pfeffer bestreut und beiseite gelegt. Dann werden wie im vorhergehenden Kartoffeln geschnitten, Petersilie mit Zwiebeln gewiegt, eine gelbe Rübe in Scheibchen geschnitten und dazu getan. Es wird wie im vorhergehenden lagenweise eingerichtet, etwas Butter darauf gegeben, zugedeckt, eine Stunde gekocht, dann zu Tisch gegeben.

77. Rebhühner-Büchelsteiner mit Kartoffeln.

Zwei Rebhühnchen werden gerupft, ausgenommen, innen gut mit Essig und Wasser ausgewaschen in vier Teile zerschnitten und wie im vorhergehenden bereitet.

78. Hasen-Büchelsteiner vom Butterhäschen.

Das Häschen wird abgehäutet, gut ausgewaschen, in mehrere Stücke zerteilt, eingesalzen, mit Paprika bestreut und so eine Zeitlang stehen gelassen. Dann werden die Kartoffeln ebenso zerschnitten und eingerichtet, hübsch Butter dazu gegeben und eine Stunde in einem geschlossenen Tiegel oder einer Kasserolle gekocht.

79. Büchelsteiner von Tauben mit Kartoffeln.

Werden ebenso behandelt wie die vorhergehenden, nur dass vier Teile daraus geschnitten werden.

80. Croquetten von Kartoffeln.

Man bereitet eine Sauce von einem Stückchen Butter, zwei bis drei Esslöffeln voll Mehl, welches man schön hellgelb rösten lässt und mit der nötigen Fleischbrühe verrührt, wodurch eine dicke Sauce entstehen muss. Dann blanchiert man ein Kalbsbries, zieht die Haut davon ab und schneidet es in kleine würfelige Stückchen, ebenso einige Champignons, etwas geräucherte Ochsenzunge und weich gesottenen Ochsengaumen, tut dieses alles unter die bereitete Sauce. Dann bereitet man eine Kartoffelmasse wie folgt: Fünf bis sechs große Kartoffeln werden gesotten, geschält und durchpassiert. 100 Gramm Butter werden schaumig gerührt, dazu ein ganzes Ei und zwei Dotter mit etwas Salz und mit den durchpassierten Kartoffeln fein abgerührt. Da obige Ragout wird in die Kartoffelmasse eingehüllt, in geschlagenen Eiern umgewendet, mit Bröseln paniert und aus heißem Schmalz oder Fett gebraten. Sie können als eigenes Gericht gegeben werden oder auch als Garnierung.

81. Blindes Büchelsteiner.

Acht bis zehn gewaschene Kartoffeln werden geschält, in Scheiben geschnitten und ins Wasser gelegt. Dann kommt in eine Reine Fett oder Schmalz, lässt dieses heiß werden mit einem Esslöffel voll fein geschnittener Zwiebeln und einer Messerspitze Paprika, trocknet die Kartoffelscheiben gut ab, gibt sie in die Reine und lässt dieselben schön dünsten, bis sie weich sind. Man muss etwas Fleischbrühe oder in Ermanglung deren Wasser mit einigen Tropfen Maggi dazu nehmen. Zuletzt überstreut man es mit dem nötigen Salz, wendet es um und es ist fertig. Man kann auch, wenn es beliebt, vielleicht um zwanzig Pfennig weiße Wurst in Scheiben schneiden und zuletzt hineingeben.

82. Büchelsteinerfleisch.

Fünf bis sechs Kartoffeln werden geschält und ins Wasser gelegt. Währenddessen wiegt man zwei bis drei Zwiebeln mit Petersilie fein zusammen, schneidet 250 Gramm Schweinefleisch in Stückchen, ebenso viel Filet (Ochsenfleisch) und Kalbfleisch. Dann schneidet man Ochsenmark klein, gibt aber acht, dass keine kleinen Beinchen darin sich befinden, legt einen Teil davon in einen Tiegel mit einer Lage Kartoffeln und etwas Salz, der Petersilie und Zwiebel; darauf eine Lage Fleisch, das mit Salz und Paprika bestreut wird, dann folgen Kartoffeln und so fort, bis alles gar ist; das Letzte müssen Kartoffeln sein. Hierauf setzt man den Tiegel oder eine Büchelsteiner-Maschine auf das Feuer (der Tiegel muss gut schließen) und kocht es eine halbe Stunde; wenn die Kartoffeln weich sind, ist das Büchelsteiner fertig, es wird mit dem Tiegel zu Tisch gegeben.

83. Büchelsteiner-Huhn.

Wird wie das vorhergehende bereitet, nur nimmt man eines oder zwei junge Hühner, zerteilt sie in sechs Teile, salzt sie ein und legt diese reihenweise auf die Kartoffeln wie bei dem vorhergehenden.

84. Kalbsbrust auf Büchelsteiner Art.

Eine schöne Kalbsbrust wird gewaschen, mit Salz und etwas Paprika auf beiden Seiten eingerieben, in einen großen Tiegel getan, etwas frische Butter und geschnittene Zwiebel, die Brust hinein gelegt und schön gelb dämpfen lassen. Ist die Brust gut halb gedämpft, kommen die Kartoffeln, wie in obigem Rezept bemerkt, hinzu samt fein geschnittener Petersilie und etwas gelben Rüben. Bis die Kartoffeln oben gar gedämpft sind, ist das Fleisch vollständig fertig. Wird dann portionsweise tranchiert, etwas Kartoffeln auf die Platte und ein Stück Fleisch darauf gelegt; man muss recht acht geben, dass man gehörig Sauce dazu hat. Es wird sehr gern gegessen, vorzüglich in den Gasthäusern und Hotels.

85. Paprikabrust für kleineren Haushalt.

Man nimmt ungefähr 750 Gramm schöne Kalbsbrust, zerteilt sie in zwei Finger breite und zwei Finger lange Stückchen, gibt in einen Tiegel Butter oder reines Suppenfett, eine Lage rohe, geschälte und in Scheiben geschnittene Kartoffeln mit Petersilie und dem nötigen Salz, dann eine Lage von der Brust, welche mit Salz und Paprika bestreut wird, und in Scheiben geschnittene Zwiebel, dann wieder Kartoffeln und so fort, bis alles voll ist. Im übrigen wird es wie bei den vorigen Rezepten behandelt.

86. Büchelsteiner von der Hammelbrust.

Eine schöne Hammelbrust wird gewaschen, gut eingesalzen, mit Pfeffer bestreut, in einen Tiegel mit etwas Suppenfett und eine fein geschnittene große Zwiebel zu dem Fett gegeben, diese etwas gelb anlaufen lassen, die Brust darauf gelegt, gut zugedeckt und so gedämpft. Unterdessen schält man sechs bis acht große Kartoffeln, schneidet sie in etwas dicke Scheiben und legt sie in frisches Wasser. ist dann die Hammelbrust so zur Hälfte gar, so legt man die Brust aus und gibt die Kartoffelscheiben in die Sauce samt etwas fein geschnittener Petersilie und gelben Rüben, salzt die Kartoffeln ein wenig und legt dann die Brut wieder darauf, deckt den Tiegel gut zu und kocht alles fertig. Selbstverständlich muss immer Fleischsuppe nachgegossen werden, etwas Maggi dazu getan, damit man beim Anrichten genug Sauce hat. Die Brust wird dann zerschnitten und mit den Kartoffeln angerichtet.

87. Büchelsteiner von einer Schweinsbrust.

Eine nicht zu fette Schweinsbrust wird gewaschen, eingesalzen, mit Pfeffer bestreut, mit etwas Kümmel eingerieben, entweder gleich in beliebige Portionen geschnitten oder auch ganz gelassen und dann verfahren wie mit in dem vorhergehenden Rezept.

Kartoffel-Salate

88. Einfacher Kartoffelsalat.

Gute Kartoffeln werden rein gewaschen, weich im Dampfhafen gekocht, sogleich abgeschält und feinblättrig geschnitten. Auf einen Suppenteller voll geschnittene Kartoffeln werden beiläufig acht Esslöffel von Essig und beinahe ebenso viel Öl, geschnittene Zwiebeln und das nötige Salz und Pfeffer angemacht. Der Salat muss gut untermengt und gehäuft angerichtet werden.

89. Gurkensalat mit Kartoffeln.

Die Gurken werden allgemein als Salat genossen, meistens aber unrichtig angemacht. Größtenteils werden sie, wenn geschnitten, eingesalzen und in diesem Zustand eine Stunde und noch länger stehen gelassen und dann ausgedrückt, wodurch nichts mehr als eine lederartige, unverdauliche Masse verbleibt. Die Gurken müssen daher kurz vor ihrem Gebrauch dünn abgeschält, fein blättrig geschnitten oder gehobelt, dann sofort mit gutem Essig, Öl, Salz und Pfeffer angemacht, gut untermengt und sogleich zu Tisch gegeben werden. Nach Belieben kann der Kartoffelsalat mit dem Gurkensalat untermengt werden. Auch kann man den Kartoffelsalat in der Mitte der Schüssel anrichten und den Gurkensalat als Kranz herum garnieren oder auch umgekehrt.

90. Grüner Salat mit Kartoffelsalat.

Der erste Salat im Frühjahr ist der Feldsalat, auch Nissel oder Schafmäulchen genannt, sowie auch der gesäte Kleinsalat. Beide Salatarten werden rein druchsucht, mehrmals gewaschen und unmittelbar vor dem Anrichten mit Essig, Öl und Salz angemacht, der Kartoffelsalat damit garniert und gleich zu Tisch gegeben.

91. Gemischter Kartoffelsalat.

Man nimmt hierzu eine Obertasse grün blanchierte Pflückerbsen, ebenso viel grün blanchierte Bohnen, vier bis fünf gekochte Kartoffeln, zwei bis drei Esslöffel voll rote und ebenso viel gelbe Rüben, einen halben Kopf weich gekochten Sellerie, zwei hartgekochte Eier, einen geschälten Apfel, drei bis vier ausgegrätete Sardellen, ein Stückchen gekochten Schinken, ein Stückchen vom Tag vorher übrig gebliebenen Braten und einen Esslöffel voll Kapern, schneidet alles fein würfelig, gibt es in eine Salatschüssel, verrührt drei bis vier Esslöffel voll Senf mit feinem Öl und Essig, schüttet dieses zum Salat, würzt ihn mit Salz und Pfeffer, macht ihn gut an, ordnet alles schön auf einer Platte, garniert es mit gehacktem Eigelb, belegt den Salat mit aufgerollten Sardellen, Kapern und in der Mitte mit gehackter roter und gelber Aspik, steckt ein Sträußchen Petersilie darauf und serviert den Salat zu verschiedenen Braten und Geflügel.

92. Gestürzter Kartoffelsalat.

Man siedet zwanzig große runde Kartoffeln, sodass sie ganz bleiben, aber doch gehörig weich sind. Sie werden in Scheiben geschnitten und mit einem Ausstecher in der Größe eines Zehnpfennigstückes ausgestochen. Von den übrig gebliebenen Kartoffeln wird ein Suppenteller voll würfelig geschnitten und beide Sorten zugedeckt beiseite gestellt. Sodann wird eine runde oder ovale Sturzform in gestoßenes Eis gestellt und federkieldick mit klarer weißer Aspik begossen; wenn diese nun gestockt ist, werden die ausgestochenen Kartoffeln in Aspik gestaucht und in aufrechtstehender Ordnung eine an die andere eingestellt, bis eine Reihe ganz voll ist. Über diese werden federkieldick und ebenso dicke wie die Kartoffeln ausgestochene Rübenblättchen, ebenfalls in Aspik getaucht, eingestellt; dann kommt wieder eine Reihe Kartoffeln und über diese wieder ausgestochene rote Rüben. Wenn dieses alles schön und egal geschehen ist, wird am Boden eine schöne Garnitur von weißen hartgekochten Eiern, in Scheiben geschnittenen Trüffeln, gekochter Ochsenzunge und Kapern eingelegt und diese wieder mit Aspik übergossen und stocken gelassen. Unterdessen bereitet man eine Sauce-Mayonnaise mit Aspik, unter welche die würfelig geschnittenen Kartoffeln mit 100 Gramm rein gewaschenen, aus den Gräten gelösten Sardellen kommen; mit diesen wird die Form Messerrückendick vom Rand angefüllt und ganz mit Aspik übergossen. Beim Anrichten wird die Form einen Augenblick in nicht zu heißes Wasser gestoßen, schnell abgetrocknet, in eine flache Glasschale gestürzt, langsam abgehoben und als Salat zur Tafel gegeben.

93. Passierter Kartoffelsalat.

Sechs bis acht gesottene und geschälte Kartoffeln werden auf dem Reibeisen fein gerieben oder durch ein Sieb gestrichen, mit dem nötigen Salz, Pfeffer, fein geschnittener Zwiebel, Essig und Öl zu einem Salat angemacht und zu Tisch gegeben.

94. Zichorien- und Endiviensalat.

Diese Salate kommen häufig vor und werden gern gespeist, letzterer besonders mit Kartoffeln meliert. Sie werden fein blättrig geschnitten, mit gutem Öl, halb so viel starkem Essig und Salz angemacht. Auch gibt es viele, welche an diesen Salaten den Knoblauchgeruch lieben; man zerdrückt in diesem Fall ein kleines Stückchen Knoblauch, zerreibt es mit Salz und verrührt es so mit dem Öl und Essig.

95. Kartoffelsalat mit Kopfsalat.

Der Kartoffelsalat wird wie die vorstehenden bereitet, sowie auch der Kopfsalat fertig angemacht; in der Mitte der Salatschüssel der Kartoffelsalat aufgehäuft, außen herum der Kopfsalat gerichtet, mit hartgekochten Eiern, welche in vier Teile geschnitten werden, belegt und so zu Tisch gegeben.

96. Italienischer Salat.

Für vier bis sechs Personen werden 125 Gramm Anguilotti, ein schöner Hering, 125 Sardellen, zwei Esslöffel voll Kapern, zwei Borsdorfer Äpfel, zwei hartgekochte Eier, vier bis fünf gesottene Kartoffeln, ein kleiner gekochter Selleriekopf und ein Stück vom Tag vorher übrig gebliebener Braten genommen; dieses alles wird rein geputzt und kleinwürfelig geschnitten. Hierauf wird ein Blechteller (von weißem Blech), der genau in die zum Anrichten bestimmte Schüssel passt, auf Eis gestellt, zwei Messerrücken dick mit Fleischsulz (Aspik) begossen und stocken gelassen. Auf der Sulz wird dann eine Garnitur von Krebsschwänzen, von dem Gelben der hartgekochten Eier, aufgerollten Sardellen und Kapern gemacht, dieses leicht mit Sulz übergossen und wieder sulzen gelassen. Alles übrige wird in einer Schale mit dem nötigen Salz, Pfeffer, Essig und Öl zu einem Salat angemacht, welcher aber nicht brüchig sein darf, sondern dick gehalten werden muss. Dieser Salat wird nun auf das Gesulzte in den Blechteller gefüllt, glatt gestrichen, mit einem Bogen Schreibpapier bedeckt und so stehen gelassen. Kurz vor dem Anrichten wird das Papier abgenommen, die Platte darüber gelegt und mit dem Blechteller umgestürzt. Hier auf wird ein in heißes Wasser getauchtes Tuch über den Blechteller gelegt, wodurch sich die Sulz von demselben ablöst, der Teller dann behutsam abgenommen und das Ganze als Salat serviert.

97. Kartoffelsalat mit Speck.

Die Kartoffeln werden gesotten, fein aufgeschnitten; unterdessen wird frischer Speck kleinwürfelig geschnitten, in ein Tiegelchen getan und schön gelb anlaufen lassen. Die Kartoffeln werden dann mit Essig, Salz und Pfeffer wie auch fein geschnittener Zwiebel und dem gelb gemachten Speck (statt des Öles) darunter gemischt und so zu Tisch gegeben.

98. Kartoffelsalat mit Mayonnaise.

Es werden drei bis vier Eidotter mit feinem Öl zu einer säumigen Sauce verrührt und Salz sowie etwas Paprika dazu gegeben, zuletzt der nötige Essig mit den fein geschnittenen Kartoffeln gut untermengt, erhaben angerichtet und zu Tisch gegeben.

99. Kartoffelsalat mit Hering.

Man nimmt einen schönen Hering (Milchner), putzt denselben gut, entgrätet ihn und wiegt ihn fein zusammen, tut ihn in eine Schüssel und verrührt diesen gut mit zwei bis drei hart gekochten Eidottern (welche man zuvor durchpassiert), dem nötigen Essig und Öl, gibt dann die gekochten, fein geschnittenen Kartoffeln hinein und vermischt alles gut untereinander.

100. Melierter Salat.

Man bereitet einen Teil Kartoffelsalat ganz fertig und richtet ihn in eine Platte schön gehäuft. Dann richtet man eine Portion Sellerie fertig, so auch rote Rüben. Man blanchiert eine Handvoll fein geschnittene Bohnen, welche auch mit Essig und Öl angemacht worden sind. Um den angemachten Kartoffelsalat richtet man dann abwechslungsweise dieses in Häufchen herum. In der Mitte des Kartoffelsalates gibt man von einem hartgesottenen Ei eine gemachte Rose. Man koch ein Ei hart, schält es, ohne es zu zerreißen, schneidet es der Quere nach durch, hebt den Dotter heraus, reibt ihn auf dem Reibeisen fein, schneidet dann das Ei oben mit dem Messer in kleine Zacken, füllt dieses leicht mit dem geriebenen Eidotter und stellt es in der Mitte auf den Salat.

101. Kartoffelsalat mit Perlzwiebeln.

Die Kartoffeln werden gesotten, geschält, fein aufgeschnitten, mit Essig und Öl, Salz und guter Fleischbrühe angemacht, dann zwei bis drei Esslöffel voll Perlzwiebel darunter meliert und zu Tisch gegeben. Die Perlzwiebel werden mit heißem Wasser abgestreift. Die Perlzwiebel erhält man in allen besseren Gärtnereien, auch kann man sie ein eingemachtem Zustand in Gläschen bekommen.

Kartoffel-Mehlspeisen

102. Einfacher Kartoffelschmarren.

Am Tag vorher gesottene große Kartoffeln werden geschält, auf dem Reibeisen gerieben und mit einigen Kochlöffeln voll Mehl gut untermengt, etwas Salz dazu gegeben; in einem Tiegel wird Schmalz oder Fett heiß gemacht, die Kartoffeln hinein gegeben und durch öfteres Umwenden wie jeder andere Schmarren fertig gekocht, nur darf das Schmalz oder Fett nicht gespart werden.

103. Kartoffelschmarren auf andere Art.

Die frisch gesottenen und geschälten Kartoffeln werden durch ein Sieb getrieben, mit einigen Kochlöffeln voll Mehl untermengt und das nötige Salz dazu gegeben; dann werden fein geschnittene Zwiebel hellgelb anlaufen lassen, die Kartoffeln dazu gegeben und wie jeder anderen Schmarren fertig gekocht.

104. Feinerer Kartoffelschmarren.

Frisch gekochte Kartoffeln werden geschält und im Sieb passiert. Dazu kommen einige Kochlöffel voll Mehl, je nach Verhältnis der Kartoffeln, etwas Salz, dann kommen zwei bis drei Eidotter unter die Masse, rührt diese gut untereinander ab, gibt reichlich Schmalz in einen Tiegel, lässt selbes heiß werden, schüttet den Schmarren hinein und lässt ihn durch öfteres Umschäufeln gut auskochen; zuletzt kann man noch zwei bis drei Esslöffel voll guten sauren Rahm dazugeben.

105. Kartoffelschmarren mit Rahm.

Nachdem die Kartoffeln gesotten und geschält sind, werden sie in runde Blättchen geschnitten, in einen Tiegel mit Butter, Salz und etwas Pfeffer getan und so gedünstet; hierauf bestreut man sie mit etwas Mehl, gießt ¼ Liter süßen Rahm oder gute Milch dazu und lässt sie etwas kochen, dann sprudle man drei bis vier Eier ab, lasse nun alles zusammen braten, gibt noch etwas Butter oder Schmalz nach, dass sie unten und oben schön braun werden.

106. Kartoffelnudel.

Sechs bis acht gesottene große mehlige Kartoffeln werden auf dem Nudelbrett zerdrückt oder besser durch ein Sieb geschlagen, mit sechs bis acht Kochlöffeln voll Mehl, etwas Salz zu einem Teig gut verarbeitet, fingerlange und fingerdicke Nudeln gemacht, etwas breit gedrückt, in einer Pfanne Schmalz heiß gemacht, die Nudeln hineingelegt und durch Umwenden auf beiden Seiten schön braun gebacken. Zu Sauerkraut und zu jeder Sauce sind sie gut.

107. Kartoffelnudel auf andere Art.

Diese werden wie die vorhergehenden zubereitet, nur mit dem Unterschied, dass man beim Anmachen ein ganzes Ei dazu nimmt.

108. Kartoffelnudel auf Pfälzer Art.

Sechs schöne Kartoffeln werden gesotten, auf ein Nudelbrett gedrückt, etwas gesalzen, ein Ei und sechs große Kochlöffel voll Mehl dazu gemengt, gut abgearbeitet und daraus kleine Nudeln gedreht, in das kochende Wasser gegeben, welches etwas gesalzen und so lange gekocht wird, bis sie aufsteigen, dann werden sie in einen Seiher geschüttet und mit kaltem Wasser abgeschwenkt und das Wasser gut ablaufen lassen.

Dann kommt in einen Tiegel Schmalz, welches man heiß werden lässt, gibt die Nudeln hinein und lässt sie durch Umwenden eine schöne Farbe annehmen.

109. Kartoffelnudel auf feinere Art.

Vier bis sechs gesottene mehlige Kartoffeln werden auf ein Nudelbrett gedrückt, mit einem Ei, etwas Salz, vier Kochlöffeln Mehl, zwei Esslöffeln voll guten dicken sauren Rahm zu einem zarten feinen Teig abgearbeitet und daraus schöne Nudeln, etwas breit gedrückt, gedreht. Diese legt man reihenweise in eine mit heißem Schmalz bestrichene Pfanne und lässt dieselben auf beiden Seiten schön braten.

Einige Minuten vor dem Anrichten nimmt man zwei Eier, klopft sie mit zwei bis drei Esslöffeln voll Milch gut ab und schüttet sie zu den Nudeln, lässt diese nochmals braten, wendet sie auf die andere Seite und gibt sie dann zu Tisch.

110. Kartoffelnudel auf andere Art.

Sechs schöne Kartoffeln werden im Dampfhafen gekocht, gerieben oder durchpassiert und auf ein Nudelbrett getan. Dazu kommen drei Eier, drei Löffel voll Milch, drei Esslöffel voll Butter und etwas Salz. Dann gibt man das nötige Mehl dazu, knetet es gut ab, dreht kleine lange Nudeln davon und kocht sie acht bis zehn Minuten in gesalzenem Wasser; dann werden sie auf ein Sieb geschüttet, gut ablaufen gelassen und schnell in heißer Butter oder Schmalz gebraten.

111. Kartoffelküchel (ausgezogene).

200 Gramm Mehl gibt man in eine Schüssel und setzt ein Dampfl an wie zu den Dampfnudeln. Ist es gegangen, so schlägt man zwei Eier dazu mit etwas Salz und einem halben Suppenteller voll frisch geriebenen gekochten Kartoffeln, schlägt den Teig gut ab und lässt ihn gehen. Ist er schön aufgegangen, sticht man kleine Nudeln heraus und lässt sie auf dem Nudelbrett nochmals gehen. Dann gibt man in eine Pfanne Schmalz, lässt dieses heiß werden, nimmt die Küchel vom Brett, zieht sie in der Mitte schön rund auseinander und legt sie in das schwimmende Schmalz. Sind sie auf der einen Seite schön gelb, so wendet man sie auf die andere, hebt sie mit einem Schmalzlöffel auf das Papier, bestäubt sie mit Zucker und gibt sie zu Tisch.

112. Kartoffelnudel mit Topfen.

Ein guter Teller voll geriebene Kartoffeln wird mit 250 Gramm Mehl, um zehn Pfennig guten Topfen auf ein Nudelbrett getan, etwas Salz und ein Ei beigegeben und zu einem Teig abgearbeitet. Dann werden fingerlange und fingerdicke Nudeln gedreht, in eine Pfanne mit heißem Schmalz gelegt und durch einmaliges Umwenden auf beiden Seiten schön braun gebacken.

113. Kartoffelnudel mit Hefe.

Man nimmt 500 Gramm Mehl in eine Schüssel, macht ein Dampfl an wie bei den Dampfnudeln und lässt dieses gehen. Währenddessen wird ein Suppenteller voll gekochte und durchpassierte Kartoffeln zu dem Mehl getan, mit etwas Salz, einem ganzen Ei und der noch nötigen lauwarmen Milch ein Teig angemacht, der gut abgeschlagen und zum Gehen gebracht wird. Ist er dann völlig aufgegangen, so sticht man mit einem Esslöffel Nudeln heraus und lässt sie auf dem Nudelbrett nochmals aufgehen. Einen Tiegel mit etwas Milch und Schmalz setzt man auf das Feuer, und wenn dies kocht, legt man die Nudeln hinein, deckt sie gut zu und kocht sie so lange, bis sich die Milch eingekocht hat; dann zieht man den Tiegel auf einige Minuten zurück und lässt ihn auf der Seite stehen. Dann nimmt man den Deckel ab, schäufelt sie behutsam heraus auf eine Platte, bestreut sie mit Zucker und gibt sie zu Tisch.

114. Kartoffelnudel auf andere Art (Schüblinge).

Werden wie die vorhergehenden bereitet, der ganz gleiche Teig gemacht, nur dass man die Nudeln gleich in eine Reine mit Schmalz legt und darin gehen lässt wie die Rohrnudeln. Sind sie dann gegangen, gießt an je nach Verhältnis warme Milch dazu und bäckt sie im Rohr schön langsam. Unten müssen sie Rammel haben wie die Dampfnudeln und oben wie die Rohrnudeln. Sie werden herausgeschäufelt, umgewendet, mit Zucker bestreut und zu Tisch gegeben.

115. Kartoffel-Dukatennudel.

Drei bis vier schöne mehlige Kartoffeln werden heiß in eine Schüssel gedrückt, ein Stückchen Butter dazu gegeben und mit einem ganzen ei und zwei Dottern, etwas Salz gut verrührt, dann kommt so viel schönes Mehl dazu, dass man kleine Nudeln in der Größe eines Markstückes schön rund formen kann. Dann nimmt man einen Tiegel, gibt etwas Butter hinein, samt zwei Zentimeter hoch Milch, lässt dieses kochen mit einem Stückchen Zucker (den Zucker kann man auch weglassen), legt die Nudeln lagenweise hinein, deckt sie zu und lässt sie so lange kochen, bis sie am Boden schöne Rammeln haben. Als Garnierung zu Wildbret, Filet usw. sehr gut.

116. Rupfhauben von Kartoffeln.

500 Gramm schönes Mehl gibt man auf ein Nudelbrett, macht in der Mitte eine Grube, gibt etwas Salz, ein ganzes Ei und einen Dotter nebst 250 Gramm gesottene und fein durchpassierte Kartoffeln dazu und macht diesen Teig auf dem Nudelbrett gut ab, dann walkt man kleine fingerdicke, runde Fladen aus, nicht zu groß, etwa in der Größe eines Untertellers, gibt in einen Tiegel ein Stückchen Schmalz oder Butter mit etwas Milch, lässt dieses kochend heiß werden, nimmt den Fladen mit den zwei Fingern in die Höhe, dass es wie eine Haube aussieht, und legt eine nach der anderen in die kochende Milch, deckt sie zu und lässt sie wie die Dampfnudeln kochen, bis sich die Milch eingekocht und schöne Rammeln gebildet haben. Man kann sie mit Zucker bestreut zu Tisch geben.

117. Sterznudel.

Sechs bis acht große Kartoffeln werden im Dampfhafen gekocht, geschält und durch ein Sieb getrieben, oder in Ermanglung dessen auf einem Nudelbrett zerdrückt. Dann gibt man die Kartoffeln in eine Schüssel und verrührt selbe mit einem Quart Milch, schlägt zwei ganze Eier dazu mit dem nötigen Salz und verrührt alles zu einer dicken Masse. Sollte der Teig zu dünn werden, nimmt man weniger Milch. Dann gibt man in eine Reine gutes Schmalz, lässt selbes heiß werden, legt mit einem Esslöffel eine Art Klöße hinein und bäckt sie im Rohr, bis sie oben und unten eine schöne gelbe Farbe bekommen. Sie werden mit einem Schäufelchen herausgenommen, auf einer Platte angerichtet und als Beilage oder Garnitur verwendet.

118. Sterznudel auf andere Art.

Werden wie die vorhergehenden bereitet, nur mit dem Unterschied, dass, wenn die Nudeln unten und oben Farbe genommen haben, einige Esslöffel voll guten sauren Rahm darüber gegossen und nochmals im Rohr gebraten werden. Sie werden mit einem Schäufelchen ausgehoben, schön auf die Platte gerichtet, mit Zucker bestreut und zu Tisch gegeben.

119. Apfelschlangel.

Drei bis vier schöne mehlige Kartoffeln werden im Rohr gebraten, dann geschält und durch ein Sieb auf das Nudelbrett passiert; dann gibt man vier Esslöffel voll Mehl, 70 Gramm Butter, 70 Gramm Zucker, ein ganzes Ei, etwas Salz, zwei bis drei Esslöffel Milch, um zehn Pfennige Kuchenpulver (die Hälfte davon) dazu, und macht dann einen feinen geschmeidigen Teig an. Unterdessen schält man Äpfel, schneidet selbe in feine Scheibchen, wäscht Weinbeeren und Sultaninen, trocknet sie mit einem Tuch fest ab und gibt sie zu den Äpfeln, welche man mit Zucker bestreut. Nun rollt man den Teig gut messerrückendick aus (zu bemerken ist, dass das Nudelbrett gut mit Mehl bestreut wird, sonst klebt der Teig an), bestreut ihn mit den Äpfeln und Rosinen, rollt ihn zusammen zu einer Wurst, bestreicht ein Küchenblech mit etwas Schmalz, legt diese Wurst darauf und bäckt selbe im Rohr bei gelinder Hitze. Sie wird dann vom Blech abgenommen, auf eine Platte gelegt, mit Zucker bestreut und zu Tisch gegeben. Man kann ihn auch kalt essen.

120. Kartoffel-Roulade.

Acht schöne Kartoffeln werden im Rohr gebraten, geschält und durchpassiert. In eine Schüssel gibt man 100 Gramm Zucker nebst drei Eidottern, welches man eine Viertelstunde schaumig rührt. Dann kommt das Kartoffelmehl und drei bis vier Esslöffel voll feines Mehl dazu mit dem festgeschlagenen Schnee, welcher langsam darunter gezogen wird, sowie um fünf Pfennig Kuchenpulver. Ein blech wird mit Butter oder Schmalz bestrichen, die Masse gut messerrückendick darauf gestrichen, bei langsamer Hitze schön gelb gebacken, mit einem Schäufelchen lang zusammengerollt, in fingerdicke Scheiben geschnitten, auf einer Platte angerichtet, mit einer beliebigen Sauce übergossen und zu Tisch gegeben.

121. Kartoffel-Roulade auf andere Art.

Wird wie die vorhergehende bereitet, gebacken, in dicke Scheiben geschnitten und mit Punsch-Glasur überzogen. Man nimmt von einem Ei das Klare mit 100 Gramm gestoßenem Zucker und rührt dieses in einer kleinen Schüssel ab.

122. Kartoffelstrudel.

Sechs bis acht schöne große Kartoffeln werden gesotten, geschält und gerieben und auf ein Nudelbrett getan mit einem Ei, etwas Salz und so viel Mehl, dass man einen feinen Teig daraus arbeiten kann. Dann walkt man in beliebiger Größe Fladen aus, bestreicht diese mit gutem sauren Rahm, dann mit gerösteten Semmelbröseln, rollt sie zusammen, gibt sie in eine Reine mit Schmalz, lässt dieses heiß werden, legt die Strudel reihenweise hinein, lässt sie etwas Farbe nehmen, schüttet dann heiße Milch daran und lässt sie vollständig auskochen. Man richtet sie auf einer länglichen Platte an und gibt sie warm zu Tisch.

123. Kartoffelstrudel mit Zwiebeln.

Werden wie die vorhergehenden bereitet, nur mit dem Unterschied, dass noch schön gelb geröstete Zwiebeln zu den gerösteten Bröseln kommen und der saure Rahm weggelassen wird.

124. Kartoffelstrudel mit Äpfeln.

Der Teig wird wie der vorige bereitet, ausgewalkt mit saurem Rahm bestrichen, darauf gewaschene Weinbeeren gestreut, nebst den geschälten, fein geschnittenen Äpfeln zusammengerollt und wie die vorhergehenden im Rohr gebacken, mit Zucker bestreut zu Tisch gegeben.

125. Kartoffelstrudel mit Zwetschgen.

Wird wie der vorhergehende bereitet, nur muss der saure Rahm weggelassen und die Zwetschgen mit etwas Zucker und Zimt bestreut werden.

126. Kartoffelstrudel auf Kapuzinerart.

Sechs bis acht Stück große Kartoffeln, am Tag vorher gesotten, reibt man auf ein Nudelbrett, nimmt 250 Gramm Mehl, etwas Salz, zwei ganze Eier und drei bis vier Weckchen Topfen, arbeitet diesen Teig gut ab, so dass man mehrere Fleckchen daraus walken kann. Diese Fleckchen werden gut mit zerlassener Butter oder Schmalz und gutem sauren Rahm bestrichen, zusammengerollt, in eine Reine, in welcher Schmalz heiß gemacht wurde, hineingelegt und im Rohr schön gelb gebacken.

127. Kartoffelstrudel auf andere Art.

Dieser wird wie der vorhergehende bereitet, nur mit dem Unterschied, dass Weinbeeren und Rosinen hineinkommen; in eine Reine mit Schmalz gelegt, werden sie schön gelb gebraten, etwas Milch darüber gegossen, diese einkochen lassen; auf eine Platte angerichtet, werden sie mit Zucker bestreut und zu Tisch gegeben.

128. Kartoffelstrudel mit übrig gebliebenem Fleisch.

Sechs bis acht schöne gesottene Kartoffeln werden auf ein Nudelbrett gerieben oder durch ein Sieb gestrichen, etwas Salz und 250 Gramm Mehl dazu gegeben, mit einem Ei, und der Teig gut abgemacht. Währenddessen hat man von dem übrigen Fleisch ein Haschee bereitet, wie folgt: Man wiegt das Fleisch mit Zwiebel, Petersilie, Zitronenschnitzchen fein zusammen, gibt in einen Tiegel ein Stückchen Fett, lässt dieses heiß werden, gibt das gewiegte Fleisch hinein und lässt es mit zwei bis drei Esslöffeln voll Semmelbröseln und dem nötigen Salz und Pfeffer rösten, schlägt dann einen Eidotter daran, verrührt selben gut und bestreicht damit die Fladen, welche man ausgetrieben hat, rollt sie zusammen und brät sie im Rohr wie die vorhergehenden. Sie geben ein eigenes Gericht, oder auch eine Beilage, in Stückchen geschnitten.

129. Gebackene Erbsen aus Kartoffeln.

Ein Teller voll gesottene, durchpassierte Kartoffeln wird mit einem Stückchen Butter, etwas Salz und geriebener Muskatnuss auf Kohlenfeuer zu einem feinen Teig abgetrocknet, dann, wenn er halb kalt ist, werden zwei ganze Eier und vier Eigelb dazu hineingerührt und hiervon Erbsen, wie die vom Brandteig, aus heißem Schmalz gebacken und in Fleisch- oder Fastensuppe zu Tisch gegeben.

130. Kartoffelküchel (Beignets).

Ein Suppenteller gekochte Kartoffeln werden durchpassiert und mit 100 Gramm frischer Butter, welche schaumig gerührt und mit drei Eiern untermengt wird, mit Salz und geriebener Muskatnuss (die man auch weglassen kann, da sie nicht jedermanns Geschmack ist) gut verrührt, so dass man eine teigartige Masse hat, die über ein mit Mehl bestäubtes Brett fingerdick ausgerollt und in der Runde eines Weinglases ausgestochen werden. Sie werden mit klarer Butter oder gutem Schmalz in einer flachen Pfanne auf beiden Seiten lichtgelb gebacken und zu verschiedenen Fleischsorten gegeben, z. B. zu Schweinsbraten oder Filet de boeuf.

131. Kartoffelküchel auf andere Art.

Diese werden wie die vorhergehenden bereitet, nur mit dem Unterschied, dass die Muskatnuss wegbleibt und feingehackter Schinken darunter gemengt wird. Können auch als eigenes Gericht verwendet werden; sie schmecken sehr gut.

132. Kartoffelküchel mit Hefe.

Man gibt in eine Schüssel 250 Gramm Mehl, macht in der Mitte eine Grube und rührt mit warmer Milch, worin um drei Pfennig Hefe (Presshefe) aufgelöst wurde, ein sogenanntes Dampfl an, welches man an einem warmen Ort gehen lässt. Unterdessen hat man die durchpassierten gesottenen Kartoffeln, ungefähr vier bis fünf Stück, hergerichtet, in den Teig gegeben mit etwas Salz, einem ganzen Ei. Dieses wird mitsammen gut abgeschlagen, der Teig dann gehen gelassen und mit dem Löffel kleine Nudeln auf das Nudelbrett gemacht, nochmals gehen gelassen und dann aus dem schwimmenden heißen Schmalz gebacken.

133. Kartoffeln mit Sardellen im Ofen.

Ungefähr sechs bis acht Kartoffeln werden gewaschen, gesotten und geschält, in Scheiben geschnitten, zugedeckt und warm gestellt. zwei schöne große Heringe werden gewaschen, halbiert, von den feinen Gräten befreit und jede Hälfte in zwei Teile geteilt. Dann werden sechs Eier hart gesotten, abgeschält und jedes in vier Teile geschnitten. Eine tiefe Schale wird stark mit Butter ausgestrichen, mit Kartoffeln am Boden belegt, diese gesalzen, darüber guter saurer Rahm gestrichen, darüber Sardellen und Eier gelegt, dann wieder Kartoffeln, saurer Rah, Sardellen und Eier, zuletzt Kartoffeln, welche gesalzen und mit saurem Rahm überstrichen werden; sodann wird braunes geriebenes Brot darüber gesät; sie werden noch eine Viertelstunde im Ofen (Rohr) gebraten und sogleich zu Tisch gegeben.

134. Sturznudel auf italienische Art.

Man nimmt ungefähr 250 Gramm schönes Mehl auf ein Nudelbrett, gibt drei Esslöffel voll guten sauren Rahm dazu, 100 Gramm Butter, etwas Salz, zwei ganze Eier, von einer halben Zitrone durchpassierte Kartoffeln, von zwei hartgekochten Eiern den aufgeriebenen Dotter und verarbeitet diese Masse zu einem feinen Teig. Dann macht man längliche, nicht zu große Nudeln und bäckt sie schön gelb aus heißem Schmalz. Man kann sie mit Zucker bestreut als Mehlspeise oder auch als Garnierung geben.

135. Sturznudel von Kartoffeln auf Breslauer Art.

Frisch gesottene Kartoffeln werden durch ein Sieb gerieben, so ungefähr, dass es ein Teller voll wird. Vier Mundbrote werden abgerieben und in Milch geweicht, dann gut ausgedrückt und zu den Kartoffeln getan, hierzu ein Ei und zwei Dotter, etwas Salz, 100 Gramm Butter, zwei bis drei Esslöffel voll guten dicken sauren Rahm, arbeitet dieses sehr fein ab und dreht daraus schöne Nudeln, gießt in ein flaches Geschirr oder Reine etwas Milch mit einem Stückchen Butter, legt die Sturznudeln, wenn die Milch kochend heiß ist, hinein und lässt sie unten und oben schöne Farbe nehmen. Beim Anrichten werden sie gut mit Zucker bestreut und heiß zu tisch gegeben.

136. Krebsmehlspeise von Kartoffeln.

Sechs bis acht mehlige Kartoffeln werden im Dampfhafen gekocht und durch ein Sieb getrieben, in eine Schüssel getan, hierzu zwei bis drei Esslöffel voll guten sauren Rahm, etwas Salz, 100 Gramm Zucker, etwa Muskatnuss, 70 Gramm zerlassene Krebsbutter mit zwei ganzen Eiern und drei Dottern, rührt diese Masse eine Viertelstunde gut. Dann kommen um zehn Pfennig gewaschene Sultaninen dazu nebst einem Gläschen Arrak oder Rum. Hierauf streicht man die Form mit Krebsbutter und mit feinen Bröseln aus, gibt die Masse hinein und bäckt sie bei gelinder Hitze im Rohr. Beim Anrichten stürzt man sie auf eine Platte und bestreut sie mit Zucker.

137. Kartoffelmehlspeise auf andere Art.

Wird ganz wie die vorhergehende bereitet, nur dass man die Krebsbutter weglassen kann und nur einfache Butter genommen wird.

138. Gebackene Kartoffelmehlspeise.

Sechs bis acht schöne Kartoffeln werden gesotten, durch ein Sieb passiert und etwas kalt werden gelassen. 100 Gramm Butter werden schaumig gerührt, dazu ein ganzes Ei mit drei hartgekochten Eidottern, welche fein gerieben werden, dann etwas Muskatnuss, Salz, fein geschnittener Schnittlauch und drei bis vier Esslöffel voll guter saurer Rahm gut untereinander gemengt. Daraus bildet man kleine Klößchen, blanchiert sie im kochenden Wasser ab, nimmt sie heraus und lässt sie kalt werden. Dann wendet man diese in Eiern, dann in geriebenen Semmelbröseln um und bäckt sie langsam in schwimmendem Schmalz. Man kann sie als Garnierung wie auch als Mehlspeise, mit Zucker bestreut und mit einer beliebigen süßen Sauce darüber geben.

139. Spritzgebackenes von Kartoffeln.

Ein Suppenteller voll geriebene, tags vorher gesottene Kartoffeln werden mit 100 Gramm Butter, eine ganzen ei und drei Dottern eine Viertelstunde gerührt mit zwei bis drei Esslöffeln voll saurem Rahm, drei Esslöffeln voll Hüfenmark (Hagebutten), 100 Gramm an einer Orange abgeriebenem Zucker. Arbeite diese Masse gut ab und backe daraus kleine Strauben oder auch andere Formen. Sie werden mit Zucker bestäubt und zu Tisch gegeben.

140. Kartoffeln mit Rühreiern.

Drei bis vier schöne Kartoffeln werden gewaschen, geschält und in kleine Vierecke geschnitten, ins Wasser gelegt. In einen Tiegel gibt man Fett oder Butter, lässt dieses zerschleichen, gibt die Kartoffeln hinein mit dem nötigen Salz und etwas gewiegter Petersilie und lässt sie weich dünsten, doch nicht so, dass sie zerfallen.

Dann klopft man drei bis vier Eier mit etwas Salz und Pfeffer und fein geschnittenem Schnittlauch ab und schüttet dieses zu den gedämpften Kartoffeln, wendet das Eingerührte um, bis es zu stocken anfängt und gibt es dann gleich zu Tisch.

141. Kartoffelspatzen.

Zwei bis drei schöne, große, mehlige gesottene Kartoffeln werden fein gerieben oder passiert, in eine Schüssel getan, mit zwei Eiern und dem nötigen Mehl, dass ein dicker Teig entsteht, und etwas Salz gut abgerührt und in kochendes, gesalzenes Wasser durch einen großlöcherigen Seiher Spatzen gedrückt, eine Viertelstunde gut ausgekocht, bis sie in die Höhe steigen, herausgenommen, gut ablaufen gelassen und mit Bröseln oder Zwiebeln aufgeschmalzen.

Kartoffel-Torten

142. Einfache Kartoffeltorte.

Schöne mehlige Kartoffeln werden gesotten, geschält, gerieben oder durch ein Sieb passiert. Dann schlägt man sechs Eidotter mit 250 Gramm Zucker, rührt dieses auf einer Seite schaumig ab, gibt die durchpassierten Kartoffeln mit dem festgeschlagenen Schnee von den sechs Eiern hinein, bestreicht die Tortenform mit Butter und feinen Bröseln, füllt den Teig hinein, gibt fein gewiegte oder geriebene Zitronenschale darauf, sowie das Mark von der Zitrone, welches kleinwürfelig geschnitten wurde, streicht die Torte glatt und bäckt sie eine Stunde langsam im Rohr. Sie wird mit Zucker bestreut zu Tisch gegeben.

143. Feine Kartoffeltorte.

200 Gramm gestoßener Zucker wird mit acht Eidottern eine halbe Stunde schaumig gerührt, 125 Gramm rohe fein gewiegte Mandeln, die Schale einer halben Zitrone, 35 Gramm Orangeat, ebenso viel Zitronat, ein Kaffeelöffel voll gestoßener Nelken und ebenso viel gestoßener Zimt unter den gerührten Zucker vermengt, zuletzt 250 Gramm durchpassierte Kartoffeln verrührt und den festgeschlagenen Schnee von den acht Eiern mit zwei Esslöffeln voll feines Mehl darunter gezogen. Die Masse wird nun in einer gut ausgeschmierten Form, die mit feinen Bröseln besät worden ist, eine Stunde langsam im Rohr gebacken, die Form abgehoben, mit Zucker bestäubt.

144. Kartoffeltorte.

250 Gramm Zucker werden mit zwei ganzen Eiern und zwei Dottern schaumig gerührt, dazu 100 Gramm rohe, fein gewiegte Mandeln, von einer Orange die fein gewiegt Schale, 100 Gramm von einer Orange und ebenso viel Zitronat, ein Kaffeelöffel voll Zimt, ebenso viel Kardamom mit 250 Gramm durchpassierten Kartoffeln und zwei Esslöffeln voll feinem Gries. Dieses alles wird gut untereinander gemengt und der Schnee von den zwei Eiern langsam darunter gezogen. Im Übrigen wird die Torte behandelt wie die vorhergehende.

145. Kleine Kartoffeltörtchen.

Man wäscht sechs bis acht Kartoffeln sauber, trocknet sie gut ab und brät sie im Rohr, bis sie weich sind. Dann schält man sie und passiert sie durch ein Sieb, gibt in eine Schüssel 125 Gramm Zucker mit vier Eidottern und rührt dieses schaumig. 125 Gramm abgezogene Mandeln werden fein gewiegt und zu der Masse getan. Dann schneidet man nicht zu klein 125 Gramm Orangeat, 125 Gramm Zitronat, 100 Gramm Sultaninen, ein Gläschen Rum oder Arrak mit einem Kaffeelöffel voll Kardamom und die durchpassierten Kartoffeln dazu, gibt den festgeschlagenen Schnee von den vier Eiern dazu, vermengt alles gut untereinander, schmiert kleine Tortenförmchen aus, bestreut sie mit Bröseln und füllt von dieser Masse hinein, dass oben noch ein fingerbreiter Raum bleibt. Sie werden drei Viertelstunden gebacken, herausgestürzt, mit einer Punschglasur überstrichen, im warmen Rohr getrocknet und zu Tisch gegeben.

146. Regenwürmer von Kartoffeln.

Frisch gesottene mehlige Kartoffeln werden durch ein feines Haarsieb auf ein Nudelbrett passiert, man macht in der Mitte eine Grube, schlägt mit drei ganzen Eiern, einer Messerspitze Salz, zerlassener frischer Butter und dem dazu nötigen Mehl einen nicht gar zu weichen Teig, welchen man fein bearbeitet und zugedeckt eine halbe Stunde ruhen lässt. Hierauf werden aus demselben Federkiel dicke, lange, den Würmern gleiche Stücke mit der flachen Hand ausgerollt, und diese in siedender Milch mit Butter und etwas Zucker eingelegt und ausgekocht, bis sie schöne Rammeln haben.

147. Kartoffelpfannenkuchen.

100 Gramm gesottene und durchpassierte kalte Kartoffeln werden mit 70 Gramm frischer Butter, 35 Gramm fein geriebenen Mandeln, 35 Gramm Zucker, einer Prise Salz und dem Gelben von sechs Eiern gut abgerührt, dann der festgeschlagene Schnee, mit 35 Gramm gereinigten und gewaschenen kleinen Rosinen darunter gezogen und hiervon auf Kohlenfeuer mit Butter drei Omlettes auf beiden Seiten lichtbraun gebacken, auf einander gelegt und warm serviert.

148. Omlette von Kartoffeln.

Ein Viertelliter guter dicker saurer Rahm wird mit dem Gelben von sechs Eiern, einer Prise Salz und 50 Gramm gestoßenem Zucker gut abgerührt, dann fein durchpassierte Kartoffeln darunter gerührt, mit dem festgeschlagenen Schnee von sechs Eiern langsam untermengt und hiervon mit Butter oder auch gutem Schmalz in einer Omlette-Pfanne dünne Omlettes gebacken, welche jedes mal mit Zucker bestreut, übereinander gelegt und so eine Viertelstunde vor dem Anrichten ein einem mäßig heißen Ofen gebacken werden.

149. Gebackene Kartoffelstrauben.

Acht schöne große Kartoffeln werden gesotten, heiß abgeschält und sogleich durch ein Sieb passiert. Dieses Kartoffelmehl wird dann in einer Pfanne mit ein wenig Salz, 140 Gramm Butter und einem Esslöffel voll Zucker auf dem Feuer abgetrocknet, bis es sich wie der Brandteig loslöst. Wenn es halb ausgekühlt ist, schlägt man nach und nach zwei ganze Eier und vier bis sechs Eidotter dazu, dass daraus ein zarter aber dicker Teig entsteht. Derselbe wird dann in eine Spritze, welche mit einem Röhrchen versehen sein muss, eingefüllt, rund in heißes Schmalz eingedrückt, lichtgelb gut ausgebacken, mit Zucker bestreut und warm zu Tisch gegeben.

150. Westfälische Kartoffelpfannkuchen.

Sechs bis acht Kartoffeln werden geschält und auf dem Reibeisen in eine Schüssel mit Wasser gerieben. Das Wasser muss etwas gesalzen sein, damit die geriebenen Kartoffeln weiß bleiben. Dann werden die Kartoffeln in eine Serviette geschüttet und gut ausgedrückt. Man gibt in eine Schüssel Eier, zwei Esslöffel voll sauren dicken Rahm, etwas Salz, verrührt dieses gut untereinander, und bäckt von diesem Teig mit reichlich Schmalz oder Fett Kuchen, so groß wie z.B. ein Beefsteak ist. Sie müssen gleich gegessen werden; vorzüglich gut zu Schweinsbraten, Gansbraten und zu jedem beliebigen fetten Braten oder jeder braunen Sauce.

151. Pfälzer Kartoffelkuchen (Tatsch).

Sechs bis acht rohe Kartoffeln werden gewaschen, geschält und in eine Schüssel mit Wasser und etwas Salz gerieben; in ein Tuch oder in einen dazu gemachten leinenen Beutel geschüttet und gut ausgedrückt. Dann gibt man die Kartoffeln in eine Schüssel, in welche ein Ei, Salz und die nötige Milch kommt, so dass es ein dickflüssiger Teig wird. Dann gibt man in eine Reine Schweinefett oder Schmalz reichlich hinein, lässt dieses heiß werden und gibt von diesem Teig so viel hinein, dass es eine fingerdicke Lage wird. Der Teig muss gut auseinander gestrichen werden, dass der Kuchen schön glatt wird und lässt ihn unten und oben eine schöne Farbe annehmen.

152. Kartoffelkuchen auf andere Art.

Wird ganz wie der vorhergehende bereitet, nur mit dem Unterschied, dass unter den Teig fein geschnittener Speck, gelb geröstet, gemischt wird. Er wird ebenso gebacken wie der vorhergehende.

Kartoffel-Puddings

153. Kartoffel-Pudding.

Sechs bis acht gesottene Kartoffeln werden geschält, durch ein Sieb getrieben und beiseite gestellt. Man gibt in eine Schüssel 100 Gramm Butter, 100 Gramm Zucker, schläft fünf Eidotter dazu und rührt dieses eine Viertelstunde recht schaumig. Dann gibt man noch 100 Gramm geriebene Mandeln, 50 Gramm Weinbeeren und von einer halben Zitrone die Schale, zwei Esslöffel feines Mehl, die 350 Gramm durchpassierten Kartoffeln und von vier Eiern den festgeschlagenen Schnee darunter. Ist alles leicht untereinander gemengt, so bestreicht man eine Puddingform gut mit Butter oder Schmalz aus, bestreut sie mit feinen Bröseln, füllt die Masse hinein und kocht den Pudding eine Stunde langsam. Man kann eine jede beliebige süße Sauce dazu geben.

154. Kartoffel-Pudding auf andere Art.

Um zehn Pfennig fein geriebene Semmelbröseln weicht man mit Milch an, aber nicht zu stark, sondern nur, dass sie anschwellen. Dann rührt man 100 Gramm Butter in einer Schüssel schaumig mit zwei ganzen Eiern und zwei Dottern, 100 Gramm Zucker, von einer halben Zitrone die fein gewiegte Schale und 100 Gramm geriebene Kartoffeln, zuletzt den Schnee von den zwei Eiern. Im übrigen wird der Pudding wie der vorhergehende behandelt.

155. Kartoffel-Pudding zu jedem Fleisch.

Wird wie der vorhergehende bereitet nur mit dem Unterschied, dass kein Zucker genommen wird, sondern etwas Salz und nach Belieben etwas Muskatnuss

156. Kartoffel-Pudding.

Es werden acht bis zehn schöne Kartoffeln gekocht, sodann heiß abgeschält und sogleich durch ein Haarsieb gestrichen. Diese durchpassierten Kartoffeln werden dann mit 100 Gramm Butter in einer Kasserolle auf dem Feuer getrocknet, dann mit einem halben Quart Milch nach und nach verrührt und mit dem abgeriebenen Gelben einer Orange, zwölf Lot Zucker, einer Messerspitze Salz gewürzt und mit sechs Eidottern, welche nach und nach dazu geschlagen werden, eine halbe Stunde gerührt. Dann wird der frisch geschlagene Schnee von den sechs Eiern darunter getan, die Masse in eine gut ausgestrichene Puddingform gefüllt, eine halbe Stunde vor dem Anrichten gesotten und mit einer Rahmsauce mit Orangengeschmack zu Tisch gegeben.

157. Orangensauce.

Zwei bis drei Eidotter werden mit 100 Gramm Zucker schaumig abgerührt. Dann nimmt man ein Quart Rahm oder Milch, in welcher die Schale einer halben Orange mitgekocht wurde, schüttet dieses zu den abgerührten Eiern und schlägt es so lange auf dem Feuer, bis es zu kochen anfangen will.

158. Kartoffel-Pudding auf andere Art.

100 Gramm Butter werden schaumig gerührt mit dem Gelben von vier Eiern; dann gibt man 250 Gramm geriebene Kartoffeln dazu mit einer eingeweichten und gut ausgedrückten Semmel, verrührt dieses alles gut untereinander mit dem nötigen Salz und Muskatnuss und mischt zuletzt den Schnee darunter. Der Pudding wird eine Stunde lang gekocht und dann zu Tisch gegeben. Er wird zu Wildbret-Sauce gern gegessen, auch zu anderen beliebigen braunen Saucen.

159. Kartoffel-Croquettes.

Sechs bis acht am Tag vorher gesottene und geschälte Kartoffeln werden gerieben auf einen Teller gelegt, dann treibt man 100 Gramm Butter ab, gibt die geriebenen Kartoffeln mit etwas Salz, nach und nach ein ganzes Ei mit zwei Dottern sowie auch einen Esslöffel voll Mehl hinein, formt daraus fingerlange Croquettes, welche man in einem abgeschlagenen Ei umwendet, dann in Panierbrösel und in heißem Schmalz backt.

160. Kartoffel-Croquettes auf andere Art.

Diese werden ebenso behandelt wie die vorhergehenden, man macht Häufchen daraus auf ein Nudelbrett, dreht diese in Form einer Birne aus, paniert sie mit feinen Bröseln, gibt von einem Reiserbesen einen Stängel, oben als Butzen eine Nelke und bäckt sie aus heißem Schmalz. Sie werden schön hellgelb gebacken (aber langsam) und können als Garnierung zu jeder Speise verwendet werden. Die Croquettes müssen zerspringen, wenn sie gut gelungen sein sollen.

161. Kartoffel-Koteletts.

Sechs große Kartoffeln werden gesotten, geschält und durchpassiert auf ein Nudelbrett getan, ein ganzes Ei dazu gegeben nebst zwei Esslöffeln voll saurem Rahm, gut abgearbeitet und daraus Koteletts geformt, mit feinen Bröseln bestreut und in der Omlettepfanne schön gelb gebacken.

162. Kartoffel-Koteletts mit Schinken.

Unter diese vorbeschriebene Masse kann auch fein gewiegter Schinken gemengt und ebenso gebacken werden; können auch als eigenes Gericht verwendet werden.

163. Kartoffelpastetchen mit Geflügel.

Acht bis zehn Kartoffeln werden im Dunst gar gekocht, dann geschält und durch ein Haarsieb gestrichen. 75 Gramm Butter werden schaumig gerührt, das Gelbe von drei Eiern nach und nach dazu geschlagen, mit etwas Salz und Muskatnuss gewürzt und dann kalt gestellt. Ein junges Huhn wird gebraten oder gedämpft und wenn dieses erkaltet ist, die Brüste und die Schlegel, überhaupt das Fleisch davon ausgelöst, die Haut abgezogen und in kleine Stückchen geschnitten. Die Beinchen werden klein zusammengehackt, mit etwas Fleischbrühe gut ausgekocht und entfettet. Hierauf lässt man eine Stückchen Butter heiß werden, gibt einen guten Kochlöffel voll Mehl dazu und wird mit der Fleischbrühe zu einer dicken Sauce, und wenn sie ausgekühlt, mit zwei Eidottern gut verrührt. Das Weiße von den drei Eiern wird zum steifen Schnee geschlagen und mit der Sauce und dem klein geschnittenen Hühnerfleisch leicht untermengt. Die nötige Anzahl blecherner Model werden mit Butter ausgestrichen, mit obiger Kartoffelmasse zwei Messerrückendick ausgelegt und mit der bereiteten Hühnermasse gefüllt, auf ein Blech gestellt und eine halbe Stunde in einem nicht zu heißen Ofen gebacken. Sie werden sodann aus den Formen genommen, schön angerichtet und sogleich zu Tisch gegeben.

164. Kartoffel-Auflauf.

Ein Suppenteller voll abgekochte, abgeschälte und durch ein feines Sieb passierte Kartoffeln werden in eine Pfanne getan und mit einem Stück frischer Butter und einer Obertasse heißer Milch und einer Prise Salz auf dem Feuer getrocknet. Dann werden 140 Gramm abgezogene, fein geriebene Mandeln, das abgeriebene Gelbe einer halben Zitrone und sieben Eidotter darunter gerührt und noch mit Beifügung von vier Esslöffeln voll guten Arrak eine halbe Stunde gerührt. Eine halbe Stunde vor dem Anrichten wird das Weiße von den sieben Eiern zu Schnee geschlagen, dieser langsam unter die Masse gezogen, dann in eine Schale gefüllt, mit Zucker bestäubt und langsam gebacken.

165. Kartoffel-Auflauf mit Schinken.

Wird wie der vorhergehende bereitet, nur mit dem Unterschied, dass 100 Gramm fein gewiegter Schinken unter die Masse gemengt wird.

166. Kartoffel-Pudding mit Schinken.

Man koche schöne mehlige Kartoffeln, schäle sie und passiere sie durch ein Sieb. Dann gibt man 100 Gramm Butter oder Schmalz in eine Schüssel, treibt dieses schaumig ab mit drei ganzen Eiern und zwei Dottern, gebe dazu 500 Gramm von den geriebenen Kartoffeln mit 120 Gramm fein gewiegtem Schinken, zwei bis drei Esslöffeln voll Semmelbröseln und einem Esslöffel voll Mehl, etwas Salz, fülle diese Masse in eine gut ausgeschmierte Puddingform, welche mit Bröseln bestreut ist, und koche sie im Wasserbad eine kleine Stunde.

167. Kartoffel-Pudding auf andere Art.

Dieser wird ganz wie der vorhergehende bereitet, nur mit dem Unterschied, dass man die Masse in eine gut ausgewaschene Serviette bindet, in das kochende Wasser legt und drei Viertelstunden kochen lässt. Er wird dann aus der Serviette behutsam genommen, auf eine Platte gelegt, mit Parmesankäse bestreut, mit heißer Butter übergossen und zu Tisch gegeben.

168. Kartoffel-Pudding.

Fünf große, am Tag vorher gesottene abgeschälte Kartoffeln werden auf dem Reibeisen fein gerieben, in eine Pfanne ein Stück Butter und die geriebenen Kartoffeln gegeben und auf dem Feuer mit einem Viertelliter Milch unter beständigem Rühren so lange abgetrocknet, bis sich der Teig von der Pfanne löst; der Teig wird sodann in eine Schüssel gegeben und mit vier Eidottern, etwas Salz, 100 Gramm gestoßenem Zucker, welcher mit einer halben Zitrone abgerieben wurde, darunter gerührt. Das Weiße von den Eiern wird zu steifem Schnee geschlagen, eine Form mit Butter ausgestrichen, gut ausgebröselt, die Masse hineingefüllt und eine halbe Stunde im Dunst gekocht. Der Pudding wird dann herausgestürzt, die Form nach einigen Minuten abgehoben und mit einer Mandelsauce zu Tisch gegeben.

169. Kartoffel-Pudding mit Schinken.

Wird genau wie der vorhergehende bereitet, nur dass 100 Gramm fein gewiegter Schinken unter die Masse gemengt wird.